**ALBATOR
OU
LA VIE A TOUT PRIX...**

ALBATOR
OU
LA VIE A TOUT PRIX...

Marie SOUTON

© 2022, Marie SOUTON

Édition : BoD – Books on Demand, info@bod.fr

Impression : BoD – Books on Demand,

In de Tarpen 42, Norderstedt (Allemagne)

Impression à la demande

ISBN : 978-2-3224-0814-6

Dépôt légal : Juin 2022

Photo de couverture : Marie SOUTON

Remerciements

À Ma fille, Cassandre, que j'aime de tout mon être,

Ma mère qui s'est évertuée à m'enseigner les prémices des calculs de doses,

Mon père qui m'a transmis la passion de l'écriture et des arts quels qu'ils soient,

Ma sœur, si sensible sous cette carapace,

Mon frère et ma belle-sœur pour leurs conseils et références,

Mon neveu et mes nièces qui me découvriront sous un autre jour,

Koudé et Hélène,

Mme Perez-Cruz, directeur de mon mémoire, qui m'avait conseillée d'écrire et Mme Monsoreau qui m'a défendue comme une lionne pendant ma formation,

Mon vétérinaire pour son soutien, ses conseils décisifs, son implication,

Mes amis Ginou, Hélène, Nicole, Cidallia,

Les désireux de se changer les idées, les amoureux

des animaux, les novices en soins animaliers,

Les étudiants en soins infirmiers, en soins vétérinaires,

Et peut-être, mes détracteurs qui me liront, par curiosité et par esprit critique.

Mais avant tout, à Albator, mon patient non-communiquant zéro, pour cette vie qu'il a partagée avec nous, cette richesse qu'il nous a apportée, je lui serai éternellement reconnaissante de m'avoir inspirée à ce point et de m'avoir donnée la force de me lancer dans l'écriture car là où les humains ont échoué à me motiver, lui m'a portée dans cette aventure.

Certains trouveront cette dédicace ridicule mais Albator mérite tout mon respect au même titre que n'importe quel être humain.

À lui et tous les animaux qui souffrent dans ce monde.

Aux Hommes que j'espère plus humains et empathiques et que je souhaite toucher par mes mots.

Prologue

Plus jeune, j'avais peur des animaux.

Mon frère , ma sœur et moi avions été élevés dans un univers sans animaux. À part notre petit hamster Capucine et mon escargot Yoggi, nous étions vierges de toute complicité avec tout être poilu à quatre pattes.

Je me souviens que j'avais, alors que j'étais en vacances à la Réunion, refusé de laisser dormir au bout du lit, un petit chaton. Il était malade, atteint du coryza, mais à l'époque j'ignorais le nom de cette infection mortelle pour les chats. Il en était mort deux jours après. Je pense que je n'aurais rien pu faire pour lui. Mais, aujourd'hui, la culpabilité me tenaille toujours lorsque je repense à mon comportement. Aujourd'hui, j'aurais tout fait pour le sauver.

C'est grâce à ma fille, si j'ai changé à ce niveau. C'est elle qui m'a réclamé, à corps et à cri, un chat à ses huit ans. Puis un chat en amenant un autre… nous sommes arrivées à quatre chats. Le quatrième était peut-être de trop mais nous l'aimons.

Je suis devenue la mère Thérèsa des chats. Et toute ma famille est tout aussi charitable envers eux maintenant. Ma sœur a deux chats, mon frère en a eu plusieurs, mes parents qui vivent à la Réunion, en ont une dizaine.

J'aime mes chats mais celui qui a vraiment touché mon cœur, c'est Albator.

Certains se demanderont pourquoi, en tant qu'infirmière, je parle de la mort d'un lapin.

Le récit, que vous allez lire, dénonce la maltraitance. Là où elle est présente, elle est implicitement liée aux enjeux qui se jouent entre vulnérabilité de la victime et pouvoir du donneur de soins.

La volonté de celui qui a le pouvoir est déterminante : c'est à lui de maintenir de manière perpétuelle une relation symétrique (d'égalité) entre le soigné et le soignant sous peine de laisser place à une relation dominant-dominé et à un risque de maltraitance aiguë.

Pour exemple, sur Instagram (vous pouvez suivre mes pensées et expériences sur mon compte : marie.souton), j'ai raconté mon deuxième stage réalisé en crèche lors de ma première année.

Les enfants que nous avions à charge étaient âgés de deux à douze mois. Biberons, changes, repas et siestes rythmaient leurs journées et les nôtres.

Parmi mes collègues, j'en avais remarqué une que le non-respect de la planification des soins ne dérangeait pas : nous l'appellerons Gothel.

Avec elle, un enfant pouvait avoir son premier change à huit heures le matin et le deuxième à dix-huit heures, un peu avant l'arrivée de ses parents. Oui... un enfant pouvait passer douze heures de suite avec la même protection souillée, sans que ça dérange Gothel !

Ayant remarqué cela, je décidais de remédier au problème en jouant les stagiaires zélées et en lui demandant, avant le repas de midi, si je pouvais changer ses enfants à charge. Avec dédain, puisque j'étais étudiante, elle acceptait à chaque fois. Je me retrouvais donc à faire son travail. Mais peu m'importait : les enfants étaient changés.

Plus tard, je remarquais qu'elle avait ses "chouchous" et cela se ressentait sur les repas. Ils mangeaient toujours en premier. Je proposais donc, régulièrement, de l'aider dans les repas. De cette manière, les préférences étaient gommées.

Plus je l'aidais et plus elle me prenait pour une niaise...

Gothel ne supportait que les pleurs de ses chouchous. Une fois, je l'avais vue ramener de force au coin repas, une enfant épuisée de sa journée, présente depuis 7h (il était alors environ 18h30), qui pleurnichait. Elle lui avait donné son repas, enchaînant cuillère après cuillère, ne lui laissant aucun répit entre chaque bouchée.

Elle la gavait littéralement.

J'avais remarqué que les collègues détournaient le regard à chaque maltraitance. Gothel était bien vue par les différentes équipes et faisait partie d'un groupe de "grandes gueules". Personne n'osait la contredire, ni la reprendre lors de ses écarts.

Certains collègues me regardaient d'un air entendu

lorsqu'elle agissait mal. Ma conscience commençait à me torturer et peu à peu, je perdais le sommeil. Lorsque le pire était arrivé, ne me laissant pas le choix…

J'étais au coin repas en train de réchauffer un biberon. De là où j'étais, je pouvais continuer à surveiller les enfants dans l'aire de jeux. C, une enfant de 11 mois, qui commençait à se tenir debout, essayait d'escalader un petit fauteuil en mousse, à bascule. Craignant qu'elle puisse se faire mal et voulant attirer l'attention de mes collègues sur le risque de chute, j'avais interpellé l'enfant. Elle s'était retournée puis avait repris son ascension. Deux de mes collègues étaient en train de donner à manger aux enfants. Restait Gothel qui s'occupait entièrement d'un de ses chouchous, en lui faisant régulièrement des câlins.

Elle négligeait complètement les autres enfants. Elle avait soudain réalisé qu'elle allait devoir laisser momentanément son chouchou.

Elle s'était levée d'un bond, décidée.

Je l'avais vue saisir C sous les bras, par derrière et la mettre violemment assise sur le tapis. Puis, à plusieurs reprises, elle avait tapé les fesses de l'enfant contre le sol. La tête de C avait suivi les secousses. Lorsque Gothel avait arrêté de la secouer, l'enfant était restée prostrée quelques instants, le regard dans le vide, puis avait recommencé à jouer.

J'étais sidérée. Je pensais, immédiatement, au "syndrome du bébé secoué". Je regardais C en train de jouer tranquillement dans un coin. Elle était calme.

Cette fois, ma conscience me torturait réellement. Je savais qu'il fallait que je dénonce les faits mais je tenais à contacter ma référente pédagogique avant de faire quoique ce soit. Lors de mon premier stage qui avait été très éprouvant, je ne l'avais pas fait et je m'étais sentie plus que vulnérable. De retour à l'institut de formation, ma référente m'avait d'ailleurs conseillée de ne pas faire la même erreur par la suite.

Alors, j'attendais le "signal" de Mme M.

Les heures passaient et je n'avais aucune nouvelle. J'étais rentrée chez moi, complètement traumatisée par cette journée. J'étais comme un zombie...

Cette nuit là, je n'avais pas dormi. J'avais vu sur internet, les complications du syndrome du bébé secoué. En sortant de mon lit, ce matin, j'étais décidée à aller voir les cadres.

En arrivant à la crèche, j'avais confié à une des auxiliaires avec qui j'étais complice, ce que j'allais faire. Elle décidait de m'accompagner car elle culpabilisait de ne rien dire et craignait d'être considérée comme complice. Le fait de ne pas aller voir les cadres, seule, me rassurait.

Arrivées dans le bureau de la cadre de service, nous constations que la cadre supérieure était aussi présente. Ma collègue et moi avions, toutes deux, relaté la scène de la veille. À la fin de notre récit, les cadres avaient remercié ma collègue et lui avaient ensuite demandé de retourner auprès des enfants. Moi, par contre, on m'avait priée de rester.

Seule face à elles, les cadres m'avaient demandé si j'étais bien sûr de ce que j'avançais. Je ne comprenais pas qu'elles puissent douter de mon discours. Ma collègue avait dénoncé les mêmes faits. Au bout de quelques minutes, alors qu'elles m'annonçaient qu'elles voulaient me confronter à Gothel, tout devenait clair pour moi : elles tentaient de m'intimider. À vrai dire, l'initiative semblait plus venir de la cadre supérieure, dans la mesure où elle menait "l'interrogatoire". Elle ne cessait de me demander si j'étais sûre de vouloir la confrontation.

J'étais sûre de moi, je ne craignais pas de me retrouver face à Gothel et je ne supportais pas qu'on essaye de taire la vérité. Ça me mettait hors de moi. On parlait d'enfants en crèche...

Devant ma détermination, la cadre de proximité avait appelé Gothel. Elle s'était présentée quelques minutes plus tard, l'air hautain et confiante. Elle ne m'avait pas adressé un seul regard. Pourtant, moi, je la dévisageais, cherchant la moindre émotion qui pourrait la trahir.

Alors que la cadre supérieure lui exposait les faits dont je l'accusais, elle écoutait, impassible.

Puis, silence. Nous étions trois à la regarder et à attendre une réaction.

Très calme et sans me jeter un regard, elle avait annoncé que tout ce que j'avais dit était faux, que je mentais.

J'étais hors de moi. Elle avait un tel aplomb. Je ne tenais plus en place. J'avais alors repris les faits, avec un ton bien plus haut que je ne l'aurais voulu et je la sommais de me regarder droit dans les yeux et de réaffirmer que tout était faux. Ce qu'elle avait fait. J'avais fini en disant que, de toute façon, il y avait des témoins.

L'entretien s'était terminé. Les cadres m'avaient dit qu'elles me tiendraient au courant de la suite des événements.

J'étais retournée dans mon service.

Pour je ne sais quelle raison, j'étais plutôt gênée. Mais, j'avais pu compter sur le soutien de l'auxiliaire qui avait tenu à m'accompagner.

Elle avait été horrifiée de savoir qu'on n'avait douté de ma parole et que Gothel n'avait pas été inquiétée. En l'absence de ma tutrice, c'était elle qui prenait le relais et ce jour-là, elle avait largement rempli sa mission. Elle était restée à mes côtés dans toutes les actions que j'entreprenais, comme pour me protéger. Je commençais à croire que les choses allaient en rester là et que j'avais fait tout ça pour rien. Je me disais qu'au moins, j'avais ma conscience pour moi. Je n'avais plus vu Gothel de la matinée. Et c'était bien mieux comme ça.

En début d'après-midi, en allant au vestiaire, je m'étais rendue compte que certaines personnes ne me parlaient plus.

Mais, à mon grand étonnement, des auxiliaires à qui je n'avais jamais parlé, étaient venues me dire que j'avais bien fait de parler et que ça faisait longtemps que ce genre de choses arrivait.

J'avais compris que beaucoup n'osaient pas parlé parce qu'elles craignaient les retombées, en l'occurrence la pression qu'aurait pu exercer un petit groupe de "grandes gueules". On m'avait confié des histoires d'enfants brûlés par la nourriture trop chaude, rabaissés verbalement… Comment était-ce possible?!!!

J'appréciais de voir qu'il y avait encore de bons éléments mais j'étais triste pour ces enfants.

Je me disais qu'ils étaient confiés par leurs parents, en toute confiance, au personnel de cette crèche.

J'étais toute à mes pensées lorsque j'avais entendu la voix de ma référente. Elle était venue en personne sur le lieu de stage.

J'étais tellement heureuse de la voir.

À demi-mot, elle m'avait demandé de l'attendre à l'extérieur.

Avec un ton sec et cassant, elle s'était présentée aux cadres, surprises de la voir et plutôt mal à l'aise.

J'avais juste eu le temps de les voir rentrer dans le bureau, avant de sortir…

Pendant que j'attendais à l'extérieur, l'étudiante qui était sur le même lieu de stage que moi, m'avait raconté que Gothel était passée à son étage pour mettre sa "bande" au courant de mes agissements.

C'était ainsi qu'elle avait eu connaissance de mon intervention auprès des cadres.

D'après ce qu'elle disait, elles étaient loin d'être bienveillantes envers moi.

Certaines avaient même évoqué la possibilité de m'attendre à la sortie. Toutes considéraient que je n'aurais pas dû dénoncer les faits et que ça ne se faisait pas. J'écoutais sans mot dire, toujours persuadée du bien fondé de mes actions.

Mais j'étais quand même atterrée de voir que l'on considérait Gothel comme une victime. J'avais relaté la scène du bébé secoué à l'étudiante. Elle comprenait ma décision mais avait insisté pour que je sois sur mes gardes car selon ses dires, elles semblaient mauvaises.

J'essayais de la rassurer en disant que c'était des paroles en l'air. En vain.

Ma référente était enfin sortie. Sur un ton ironique, elle m'avait dit que je m'étais encore faite remarquer. Elle avait, apparemment, été sèche et ferme et les avait prévenues qu'il était hors de question qu'il y ait de quelconques retombées.

Pas de non acquis sur ma feuille de stage, pas d'intimidation à mon encontre car elles auraient affaire à elle.

Elle avait souligné que son étudiante avait mis, au grand jour, des faits dont elles avaient connaissance et qu'elles taisaient sciemment.

Les jours suivants avaient été compliqués pour moi, mais pas autant que pour l'autre étudiante qui subissait des pressions et des railleries à cause de moi. Pourtant, aucune des auxiliaires n'était venue me voir. Sur les conseils de ma référente, j'avais dû me mettre sur liste rouge et déposer une main courante.

Pour ce faire, j'avais dû récupérer le nom de famille

de Gothel auprès de la crèche. Ayant eu vent de cette demande, la cadre supérieure m'avait rappelée pour savoir ce que je voulais en faire.

Je lui avais donc parlé des menaces qui avaient été faites à mon encontre.

Elle avait essayé de me dissuader d'aller porter plainte.

J'en avais parlé à ma référente qui m'avait dit de ne pas m'inquiéter et que l'affaire suivrait son cours.

Par la suite, j'avais su qu'un signalement avait été fait à l'ARS et qu'il avait été inévitable de renvoyer Gothel.

Ma feuille de stage ne portait aucune trace des événements passés. Pour mon bilan de fin de stage, j'avais eu une infirmière que je connaissais à peine, mais très agréable.

À la fin de mon stage, la cadre de proximité m'avait proposé de venir travailler au sein de la crèche !!!!... J'avais alors eu l'impression qu'elle se moquait de moi.

Quel étudiant aurait eu envie de revenir travailler sur ce lieu de stage ?...

C'était une goutte d'eau dans l'océan, mais j'avais ma

conscience pour moi, en tout cas…

Cinq ans après, cet épisode fait toujours écho en moi et a, sûrement, eu une influence profonde dans les actions que j'ai entreprises pour sauver Albator.

Tout est lié car quand on est soignant, on l'est au travail, dans sa vie de tous les jours et dans sa chair.

I

Samedi 21 Septembre 2019, 10h35.

La maison, ou plutôt l'appartement, et étrangement, là, maintenant, j'avais une réflexion sur le mot "maison", utilisé ici, comme synonyme de refuge affectif, de foyer chaleureux… donc, notre maison était calme.

Seuls les bruits de la ville au loin, comme le klaxon des voitures et les sirènes de camions de pompiers, venaient perturber le silence ambiant.

"Sirène", c'était joli pour un bruit aussi tonitruant, bien que le chant d'une de ces créatures ne m'était jamais parvenu aux oreilles…

Tout le monde dormait ou feignait de dormir pour ne pas avoir à ressentir la peine de l'autre.

Ma fille était dans sa chambre, au lit, le visage enfoui dans ses oreillers. Elle avait cours ce matin, à dix heures, mais je lui avais donnée l'autorisation, tôt dans la matinée, de ne pas y aller.

Comment pouvait-elle se concentrer sur le contenu d'un cours en ayant le cœur si lourd de chagrin ?...

Sa séance de cinéma de cet après-midi était aussi compromise. Elle devait aller voir "Ad Astra" avec Brad Pitt... Inimaginable, d'ailleurs, de se dire qu'il pouvait vivre en étant dans la tête d'autant de personnes sur terre, hommes et femmes confondus...

II

Je guettais les bruits de la maison et rien ne parvenait. Si ce n'est de temps à autre, le bruit des langues râpeuses de mes chats sur leur pelage.

J'avais quatre chats. Deux minettes et deux jeunes hommes.

Pour commencer une blanche et grise, enrobée, avec de faux airs de chartreux, le regard ourlé d'un masque de carnaval couleur souris mettant en valeur ses yeux mordorés. Une princesse au port altier…qui urinait régulièrement dans les panières de linge sale, mais une princesse quand même. Xéna, chez le vétérinaire et sur le carnet de santé, mais Patate ou la Grande à la maison. Patate venait de la rue. C'était un ancien collègue, Gilles, qui me l'avait choisie et ramenée au boulot, à quatre mois et peut-être même plus. C'était bien avant ma reconversion.

À l'époque, j'étais gestionnaire de compte dans un

organisme de recouvrement et j'avais fini par céder devant la pression exercée par ma fille unique, Loïs, pour avoir un chat.

Gilles, qui avait récupéré toute une famille de félins, était arrivé un jour, à ma demande, avec une minette plutôt intimidée. C'était la plus effacée d'une fratrie de chatons, qui attendait que tout le monde ait mangé pour venir se nourrir à son tour. Lorsque je l'avais récupérée et lui avais présentée notre logis, elle avait ronronné toute une après-midi, reconnaissante pour cette sécurité que je lui offrais. La visite chez le vétérinaire avait révélé qu'elle était infestée de puces. Interdiction donc pour elle d'accéder au chambre.

Docile, tous les soirs, pendant une semaine, devant la porte du salon, la Grande me regardait partir dans ma chambre, sans dépasser la limite imposée. Chaque matin, je retrouvais des puces abasourdies par le traitement anti-parasite sur le sol du salon. Après les avoir soigneusement emprisonnées dans du papier hygiénique et écrasées, je les jetais dans les toilettes.

Au bout d'une semaine, enfin autorisée à accéder aux chambres, Patate avait sauté avec joie et empressement, au pied de mon lit et dormi, instantanément, du sommeil du juste.

Elle était vraiment douce et détestait les éclats de voix. Les fois où il m'arrivait de hausser le ton contre Loïs, elle se précipitait à la hauteur de mon visage, posant sa patte sur ma joue pour détourner mon attention et miaulait longuement en signe de contestation. Elle avait toujours eu gain de cause, ce qui avait pour effet d'atténuer ma colère et de sauver Loïs du sermon que j'avais prévu de lui faire.

C'était une vraie médiatrice et elle tenait son rôle de doyenne à merveille.

La Grande, Patate ou Xéna

(Photo : Marie SOUTON/Décembre 2018)

Venait ensuite, une chatte de gouttière, tigrée, couleur caramel et noir. Elle portait du eye-liner, façon Cléopâtre. Petit gabarit, courte sur pattes, c'était une vraie racaille et en avait la démarche. Si Xéna était affectueuse, aimait à regarder d'un œil mes séries et se prélasser à mes côtés sur le canapé, Razmoquet', Tibouloute ou encore la Petite, alias Athéna à la ville, était asociale.

Debout sur les pattes arrières, au réveil, elle réclamait son câlin de la journée qui se résumait à un furtif front contre front et c'était tout. Si son humeur lui disait, elle pouvait vous gratifier d'un effleurage supplémentaire dans la journée mais il ne fallait pas en attendre plus. Les caresses la stressaient et c'était plutôt une solitaire.

Son monde tournait uniquement autour de Patate, arrivée la première dans notre Maison et qui méritait donc tout son respect en tant que doyenne, ma fille et moi. Quiconque sortait de ce cercle, était son ennemi et subissait sans cesse, ses grognements, ses coups de patte ou griffe et ses œillades sournoises et assassines. Néanmoins, elle prenait soin d'éviter les intrus.

Elle affectionnait les trous de souris, endroits sombres et inaccessibles, où elle pouvait se nicher pour paresser pendant des journées entières. Régulièrement, elle réussissait à se faufiler dans le bas de nos armoires.

Ce n'était que le repas du soir venu qu'elle se manifestait en griffant, énergiquement, les portes de nos penderies pour qu'on vienne lui ouvrir.

Elle ne mangeait que du thon pour chats ou pour humains, exclusivement. Du thon en boîte, ouverte du jour. Demain, il serait éventé et ne ferait plus son délice mais celui de Patate, aux anges. Inutile d'insister, elle n'en mangerait pas et se laisserait faussement mourir de faim, au repas de dix-huit heures. Faussement, car elle se rabattrait sur ses croquettes.

Tibouloute n'avait jamais connu la rue. Elle était née en appartement. Et c'était elle qui nous avait choisies.

Mes voisins avaient eu une portée et Patate, étant seule toute la journée, nous considérions que c'était une bonne idée de lui trouver une copine.

Lors de notre première visite aux chatons, Tibouloute, qui avait encore les yeux bleus marine, marque de son jeûne âge, s'était hardiment évertuée à grimper le long de mon pull et s'était logée au creux de mon bras. Elle n'avait plus bougé jusqu'à notre départ. Loïs et moi étions sous son charme. Seul bémol : c'était un mâle.

À l'époque, ses maîtres du moment avaient du mal à déterminer son genre et nous voulions, absolument, une femelle. À vrai dire, je voulais une femelle. Je restais persuadée qu'un mâle ferait plus de bêtises.

La mort dans l'âme, je refusais de prendre le courageux petit chevalier.

Néanmoins, le chaton revenait à l'assaut à chacune de nos visites et jouait avec ma sensibilité. Je me souviens avoir flanché et décidé de prendre le petit mâle, malgré tout, puisqu'il nous avait adoptées.

Quelques jours plus tard, suite à l'annonce de son nouveau sexe, j'étais transportée de bonheur.

La phase d'adoption était arrivée et nous prenions le chaton en adaptation quelques heures par jour.

Ma fille était ravie. Elle, qui était fille unique, avait déjà un chat mais là, c'était un vrai chaton de deux mois et demi.

C'était un vrai délice de regarder Tibouloute jouer avec un fil, une boule de papier aluminium, avec l'énergie, la vivacité de son âge et les aurevoirs étaient, alors, déchirants.

Lorsqu'elle fut définitivement adoptée, les repas étaient hilarants. Elle grognait pendant qu'elle mangeait, de peur qu'on lui vole sa nourriture : auparavant, elle vivait au milieu de treize chats et devait sûrement passer à la gamelle, en dernier.

Patate l'avait accueillie et la protégeait comme une mère. Et malgré le temps qui passait, cette image avait perduré dans la mesure où Tibouloute était restée de petite taille, nous donnant toujours l'impression qu'elle était la petite dernière.

Semblait régner, ensuite, un chat noir, imitation persan, sans la face écrasée, au regard vert, la queue en panache et l'allure princière. Il cultivait avec brio, l'art du farniente et en était le maître incontesté.

Son périmètre de vie se résumait au salon, en journée : bras du canapé, banquette, fauteuil et par extension, terrasse. Tout ceci représentait à peu près, dix mètres carré. Chaque destination se trouvait à deux bonds de l'autre, deux mini-bonds ou quatre foulées.

Le soir, il dérogeait à ses habitudes pour aller dormir dans le fauteuil de ma chambre.

La Petite, Razmoket, Tibouloute ou Athéna

(Photo : Marie SOUTON/Mars 2020)

Parfois, il montait en haut de ma bibliothèque, mais régulièrement, il échouait au sol sur le dos, les pattes en l'air. Il était pourtant agile mais la motivation n'y était pas. Alors, il retournait tranquillement au fauteuil, plus accessible.

Il tolérait tout le monde sauf les hommes dont il avait une peur bleue. En leur présence, il courait se réfugier sous ma couette et faisait le mort. Tant et si bien qu'une fois, mon frère qui s'occupait d'eux pendant mes vacances, avait cru qu'il avait sauté du balcon et le pensait perdu. C'était ma belle sœur qui l'avait retrouvé terrorisé sous mes couvertures au grand soulagement de mon frère qui ne savait pas comment m'annoncer la nouvelle.

Ce petit prince aurait vendu son pelage pour du beurre mais attention, du "doux et du gastronomique" !!!

Réglisse, nom de baptême de sa première adoption, rebaptisé Seya à la ville par nos soins, mais le Petit ou le Prince à la maison, avait été récupéré suite à une promesse.

C'était avec ce genre d'attitude que ma fille avait vu notre famille s'agrandir.

Au boulot, je regardais régulièrement les annonces d'animaux. Je ne savais pas pourquoi : j'avais déjà deux chats. Mais, une fois, j'étais tombée sur l'appel désespéré d'une famille qui cherchait de nouvelles demeures pour ses deux chatons de sept mois, un mâle et une femelle, tous deux de la même portée. Je n'étais pas du tout intéressée par le fait d'en récupérer un mais je tenais à aider cette famille à les replacer.

La femelle était tigrée et ressemblait à Tibouloute. Le mâle était noir et tout poilu. Lorsque j'appelais pour me renseigner, leur maîtresse m'expliquait qu'elle avait reçu des appels pour la femelle mais personne n'appelait pour le noir. Je ne comprenais pas. Elle évoqua alors, les superstitions d'antan liées à leur couleur, leur utilisation dans les rites de sorcellerie, le fait qu'il portait malheur... Pauvre bête...

Je ne savais pas ce qu'il m'avait pris mais dans un élan de compassion, j'avais promis à cette femme que j'adopterais Réglisse si elle ne trouvait pas preneur pour lui. Bien évidemment, nous nous étions retrouvés un samedi après-midi ensoleillé à accueillir toute la famille au complet pour l'adoption. Pas d'adaptation.

Réglisse était magnifique, craintif avec les adultes mais doux et aimant avec les enfants. Il avait trouvé sa nouvelle maîtresse en la personne de ma fille. La famille qui le laissait là, était triste. La maîtresse était sujette à une allergie sévère aux poils de chats et pleurait à chaudes larmes de devoir "l'abandonner". Ses filles d'une dizaine d'années semblaient, aussi, être touchées par cette séparation. Seul le mari semblait satisfait de cette transaction, peut-être le fait de voir nos deux autres chats lui avait inspiré confiance de suite. Cela dit, je m'étais longtemps entretenue au téléphone avec sa femme qui travaillait dans la même boîte que moi, mais pas sur le même site et elle avait compris mon amour des chats. Plus tard, dans le temps, nous nous sommes rendus compte que le Petit affectionnait les enfants, appréciaient la présence des femmes, jouant auprès d'elles, les grands séducteurs mais qu'il courait se cacher dès lors qu'il entendait la voix d'un homme…

Le Petit avait eu, aussi, un côté "gentleman-cambrioleur" dans les premiers temps. Avec ma fille, nous avions remarqué que certains de nos bijoux avaient disparu. Ils n'étaient pas de grandes valeurs, c'était donc avec résignation que nous nous en passions, pensant que nous les avions égarés. Mais, un jour, ma fille avait surpris le Petit, longeant les murs, un trésor dans la gueule et allant jusqu'à son couffin. Elle y avait alors découvert, cachés sous sa couverture, tous nos bijoux. Nous avions tout récupéré et rangé, lui laissant la plus brillante de ses trouvailles.

Peu à peu, il avait abandonné la manie d'accumuler des trésors.

À part ces petits méfaits, je n'avais jamais eu un seul souci avec le Petit : c'était le plus facile des chats que j'avais eu à élever jusqu'à maintenant. Je n'avais jamais regretté. De toute façon, quand j'adoptais, c'était pour la vie, peu importaient les difficultés.

Enfin, arrivait le dernier félin adopté mais non le moindre. Noir, racé, fin, athlétique, c'était Caca ou Conan alias Coco à la ville.

Caca parce que l'odeur de ses selles aurait réveillé un mort…

Conan parce que, lors de son quart d'heure quotidien de folie ou de ses chasses aux mouches, il ne prêtait guère attention à son environnement, faisant de sa cible, son unique objectif.

De son passé de chaton abandonné, il gardait une troisième paupière atrophiée et un comportement des plus excentriques et imprévisibles. Cet olibrius était un chat-chien haletant lorsqu'il sautait de meubles en meubles avec frénésie, sans interruption. Les yeux exorbités quand il reprenait son souffle, la langue pendante, il me faisait penser à l'homme aux yeux exorbités de la couverture du livre, "le horla", éloge de la folie. Pendant en moyenne dix minutes, il brûlait toutes les calories emmagasinées dans la journée.

Le Petit, le Prince, Seya ou Réglisse
(Photo : Marie SOUTON/Avril 2018)

Dix minutes... c'était interminable lorsqu'un chat arpentait votre appartement de long en large, sans se soucier de votre décoration.

Une éternité même... surtout que vous n'y pouviez rien.

Caca faisait partie de ces chats qui étaient indomptables. Malgré cela, comme tous les chats noirs, il était charmant et puis, c'était le petit dernier. C'était un chat qui aimait être maître de son territoire.

C'était donc le petit dernier mais il voulait être le chef.

Il tenait la dragée haute au Prince qui n'était pas bien combatif. Il terrorisait Tibouloute, en se cachant dans les coins et lui bondissant dessus comme un diable. Et pour finir, il défiait l'autorité de la doyenne en place. Il avait aussi tenté de provoquer la mienne, alors qu'il n'était pas encore stérilisé et que je ne comptais d'ailleurs pas le faire.

Si son surnom pouvait paraître choquant au premier abord, il prenait toute sa dimension lorsque l'on avait connaissance des évènements à venir.

J'avais remarqué que Caca était un mâle dominant

mais je pensais que ce comportement ne s'appliquerait qu'à ses congénères.

Un soir, où je rentrais de courses, je trouvais que l'odeur de ses selles était plus forte qu'à l'ordinaire. Mais je ne m'en inquiétais pas plus que çà, dans la mesure où cette sensation était habituelle le concernant.

Néanmoins, en entrant dans ma chambre, je ne pouvais m'empêcher de faire part à ma fille de la prédominance du "fumé. Avec un soupçon de suspicion, je me mettais à renifler, tel un chien, à la recherche d'un éventuel accident.

Quelle ne fut ma surprise lorsque je découvrais, en soulevant le rebord de ma couette, toutes fraîches et bien moulées, trois énormes longues crottes. Elles étaient là, posées bien au centre de mon édredon.

J'en avais des hauts de cœur. Après les avoir débarrassés des excréments, j'avais jeté la taie, l'oreiller et mis la couette à laver.

Je n'avais aucun doute sur l'auteur de ce méfait. Aussi, j'avais appelé, de suite, le cabinet vétérinaire pour convenir d'un rendez-vous pour la stérilisation du coupable, le plus rapidement possible.

Depuis, hormis son grain de folie qui le caractérisait, Caca était très respectueux des règles d'élimination des besoins. Les deux maisons de toilette trouvaient largement grâce à ses yeux et sa production surpassait de loin celle des trois autres chats réunis. Malgré tout, peut-être à cause d'une éventuelle malformation ou encore une séquelle d'une possible maltraitance, il était incontournable de l'affubler de son surnom : régulièrement, je trouvais des mini vestiges de ses besoins aux alentours du coin d'aisance.

Les bougies parfumées, encens et autres senteurs d'ambiance étaient indissociables de notre petit compagnon.

Bien heureusement, mise à part cette dimension scatologique, c'était un amour, câlin, joueur et très attentionné.

Coco, Conan ou Caca

(Photo : Marie SOUTON/Décembre 2018)

III

Ce matin, Caca était calme. Il avait juste fait assez de bruit pour que je puisse me réveiller et lui ouvrir la porte du balcon, dans le salon.

D'ordinaire, elle restait ouverte toute la nuit : les températures étaient encore clémentes et cela m'évitait d'avoir à me lever pour ouvrir la porte aux chats.

Mais les évènements de la soirée dernière avaient chamboulé nos habitudes: un de nos compagnons était tombé de notre balcon, du deuxième étage.

Il faisait beau, aujourd'hui et ce n'était pas juste. La lumière du soleil me piquait les yeux et je décidais donc de retourner dans ma chambre.

"Mon fils, ma bataille" était mort. Il n'avait pas supporté la chute.

Nous avions retrouvé son corps inerte, sur le sol. Son manteau blanc tacheté de noir par endroit était indemne et nous avait donné l'impression qu'il allait se relever.

Avant l'arrivée de ma fille, j'avais pris une de ses pattes encore chaude entre mes doigts. Aucune résistance.

Loïs n'était pas arrivée de suite.

Ce court instant de solitude me replongeait, malgré moi, dans les instants précédant l'accident.

Me rendant compte de l'absence de notre ami sur le balcon, j'avais appelé ma fille et crié.

— Il est plus sur le balcon !

Je m'étais penchée sur le bord et j'avais reconnu dans la nuit et les lumières lointaines de la ville, son petit corps blanc sur le sol, en contrebas.

J'avais alors, de nouveau, crié à ma fille que je descendais et qu'elle devait me rejoindre.

J'étais sortie en trombe de l'appartement en laissant la porte ouverte derrière moi. J'avais dévalé les escaliers en tongs et pyjama polaire bleu marine à petits pois multicolores, loin d'être glamour mais tous mes voisins me connaissaient et je me fichais bien à ce moment-là de savoir qui j'allais rencontrer.

J'avais juste pris le temps d'enfiler ma casquette au regard de mes convictions religieuses : j'étais musulmane et ne me déplaçais pas sans elle.

En moins de deux, j'étais arrivée près de son petit corps.

J'avais murmuré doucement en le caressant.

— Oh… mon petit lapin, mon lapin…

J'avais retourné délicatement son petit corps inanimé pour voir s'il était blessé. Pas de sang. Rien. Juste au niveau de son museau, son nez, mais rien d'autre. Ce qui me faisait supposer une hémorragie interne.

Ma fille était arrivée et nous étions restées silencieuses devant le corps sans vie. Loïs avait emmené un sac de courses pour l'y placer.

— C'est trop grand ! Il faut un petit sac.

Je regardais ma fille, ma boussole.

— Qu'est-ce qu'on fait ? On va aux urgences, quand même tout de suite ? Ou on garde son corps dans la voiture jusqu'à demain matin ?

J'étais incapable de penser et les propos que je tenais ne me paraissaient même pas étranges, ni déplacés. J'étais sous le choc.

Loïs qui continuait, elle aussi, à scruter la petite forme, avait soudain murmuré :

— Il bouge encore…

Je m'accroupissais et constatais des petits soubresauts au niveau de l'arrière-train. Je supposais fortement une réponse nerveuse, les deux étages encaissés lui ayant été sûrement fatal, mais je ne pouvais m'empêcher d'espérer.

D'un bond, je m'étais levée.

— Je vais prendre les clés et on va aux urgences.

Comme j'étais arrivée, je repartais. Comme une furie, une tornade.

J'entrais dans l'appartement.

Toute la petite troupe était là, devant la porte. Inquiète.

La Grande et le Petit me suivaient, en quête d'une éventuelle information.

J'enfilais un jean et un t-shirt vite fait, récupérais la pochette à carnets de santé de tous les animaux de la maison, mes clefs de voiture et mon sac à dos où se trouvaient mes papiers.

Je ne fermais pas la porte du balcon.

Ils étaient tous tombés du balcon, une fois, sauf Caca et étaient méfiants depuis cette expérience qui les avaient rendus vulnérables le temps d'être retrouvés.

J'étais donc confiante.

Eux étaient retombés sur leurs pattes, c'étaient des chats.

"Ma bataille" se prenait pour un chat mais la vie lui avait rappelé qu'il n'en était pas un, même si toute la tribu l'avait accepté en tant que tel.

Un tour de clé dans la porte et c'était reparti. J'avais pris soin de prendre une taie d'oreiller pour que le trajet lui soit plus doux. Ma fille m'attendait en bas de l'escalier. Elle le tenait dans ses bras.

— Il bouge toujours ?

— Oui.

— On y va.

Arrivée devant la voiture,

— Merde ! J'ai pas pris mon portable. Je sais pas où c'est !

IV

Par chance, j'entrevis de la lumière au rez de chaussée.

Je donnais les clés à Loïs pour qu'elle puisse s'installer à l'arrière.

Mes voisins, qui avaient aussi des chats, étaient là. Ils habitaient au rez de chaussée. Agrippée à la rambarde de leur terrasse, je m'apprêtais à crier pour qu'ils sortent, lorsque j'aperçus dans la pénombre, la silhouette d'un supposé fumeur.

— Salut, Marie !

— Salut. Tu peux me dire comment on fait pour aller aux urgences vétérinaires ?... Mon lapin est tombé du balcon.

— Oui, bien sûr.

La silhouette écrasa sa cigarette.

Sentant que les explications pouvaient être longues, j'anticipais.

— Sinon, tu veux pas venir avec nous ?...

— Bien sûr ! Je préviens Hector et j'arrive."

Vingt secondes après, Annalise était là. Je la voyais regarder son portable, ce qui me faisait penser que je n'avais pas le mien. Elle se dirigeait vers ma voiture.

— J'ai pas mon portable.

— Pas grave, j'ai le mien. Salut Loïs ! J'essaie de les appeler parce qu'il faut les prévenir avant notre arrivée.

Je mettais le contact. La voiture démarrait au quart de tour.

Je m'excusais auprès d'Annalise pour la vétusté de ma petite Peugeot cent-six Zen. Seize ans de bon service et toujours là.

Le rétroviseur droit pendouillait, laissant apparaître le gros scotch noir mis pour essayer de le maintenir. Mon pommeau de vitesse n'en était plus un depuis qu'il s'était morcelé entre mes doigts, un jour de forte chaleur au mois d'Août. Et maintenant, c'était juste un petit bout de caoutchouc au bout d'une tige. Malgré tout, ma voiture était solide et j'avais toujours pu compter sur elle.

Je me retournais vers ma fille.

— Il bouge encore ?

— Oui, je le sens encore bouger."

Elle le tenait dans ses bras, contre elle, dans la taie d'oreiller que j'avais prise à la hâte tout à l'heure.

C'était bien dans ses derniers moments, d'être blotti contre quelqu'un de chaud et de rassurant. Pas seul contre le sol froid et dur, à la merci d'un éventuel prédateur ou charognard.

J'anticipais sur l'ouverture de la porte du garage pour pouvoir sortir plus vite: j'actionnais le bip alors que je quittais la place de parking. Je me hâtais parce que je ne voulais pas qu'il souffre. Un lapin, c'est silencieux, il ne se plaint pas s'il a mal. À vous d'être vigilant face à son comportement, sa position, sa respiration.

Mais là, c'était différent. Entre les bras de ma fille, il n'avait pas de réaction qui donnait à croire qu'il était conscient ou pas et qu'il souffrait. Alors je me dépêchais, je m'activais, comme on pouvait dire. Je continuais d'espérer.

Je pestais contre les gens qui "ne savaient pas conduire" : pourquoi certains conducteurs ne se rabattaient pas sur la voie de gauche pourtant libre lorsque vous essayiez de vous insérer sur une bretelle d'autoroute ? Ça avait des grosses voitures mais ça ne savait pas conduire…

La circulation était fluide.

En à peine cinq minutes, j'arrivais au rond point de Villeneuve saint Georges. D'une voie un peu morne, ma fille avait annoncé :

— Il a arrêté de bouger.

J'en étais presque soulagée sur le coup. Je n'avais plus à me demander s'il souffrait ou pas.

— Il a bien vécu. Paix à son âme.

C'est ce que disait ma sœur à chaque fois qu'elle avait connaissance d'un décès. Je n'avais pas pour habitude de le dire mais là, je le pensais de tout mon cœur.

Paix à ton âme.

Je conduisais plus sereinement.

Annalise avait ajouté :

— C'est vrai, il a bien vécu. Vous lui avez offert une belle vie.

V

Nous étions arrivés à la clinique. Impossible de les joindre au téléphone.

Je me garais.

Ma fille était sortie de la voiture, la petite forme emmitouflée entre ses bras, dans la taie d'oreiller jaune et bleue.

Annalise sonnait à l'interphone. Une voix féminine lui avait répondu.

— On a essayé d'appeler, ça répondait pas. Donc, on est venu quand même.

— Vous avez bien fait. Le téléphone n'a pas sonné. Il doit y avoir un problème. J'arrive.

En attendant que la vétérinaire vienne nous ouvrir, je constatais que ma fille était en mini-short avec un pull.

Moi qui étais toujours en train de lui dire que je ne voulais pas qu'elle mette de short trop court…

C'était la deuxième fois qu'elle tenait un animal mort

entre ses bras.

La première fois, c'était Câline, la chatte d'Hector et Annalise, disparue pendant deux jours et morte au coin de la rue. Nous avions fait le tour du pâté de maison en voiture, avec ma fille, pour la retrouver. La personne qui l'avait percutée, avait dû culpabiliser car elle l'avait étendue sur le trottoir, sur une bâche en plastique. J'avais alors été étonnée par la détermination et la force de ma fille quand elle avait porté le corps rigide de Câline, chatte écaille de tortue magnifique, jusqu'à la porte d'Annalise et Hector. Pas une larme et solennelle.

La porte s'était ouverte. Une jeune femme, petite et menue, était apparue. Elle portait des lunettes et une blouse blanche.

Annalise tenait la porte et je suivais Loïs.

La jeune femme nous avait emmenées dans la pièce d'auscultation, froide et blanche. La lumière nous agressait et mettait le corps de notre petit compagnon au grand jour sur la table. Loïs avait pris soin de l'allonger sur la taie d'oreiller. Il était là, comme endormi. Encore tout beau, avec son poil blanc et son œil à la cataracte auréolé de poils noirs. Il y avait juste un peu de sang au bout de son nez qui trahissait son air paisible. Je le trouvais si petit, si vulnérable sur cette grande table.

La vétérinaire nous avait confirmé le décès. J'avais exposé les faits.

— Il est tombé du balcon, du deuxième étage.

La vétérinaire avait secoué la tête.

— C'est trop haut pour un lapin.

Je continuais.

— Il est mort sur le trajet. Il continuait à avoir des petits soubresauts par moment. J'espère juste qu'il a pas souffert.

— ça a dû lui faire mal juste après la chute mais il a vite perdu connaissance selon moi. Les petits sursauts, c'est neurologique… C'est une hémorragie interne. Il a pas souffert longtemps… Vous souhaitez ramener le corps ou le faire incinérer ?

Et là, j'avais regardé ma fille qui m'avait répondu avec un aplomb saisissant.

— Tu vas pas l'enterrer dans le parking ?!!!

— Euh… Non… on va le faire incinérer.

La vétérinaire poursuivait son interrogatoire.

— Vous souhaitez une incinération collective ou individuelle ? Collective : ça veut dire avec d'autres animaux. Individuelle, vous pouvez garder les cendres. Mais, ça représente un petit billet.

J'avais regardé ma fille. Encore une fois.

— Tu veux récupérer les cendres ?!!!

Je regardais la vétérinaire et d'une petite voix qui commençait à être étouffée par l'envie de pleurer :

— Collective.

La vétérinaire avait attendu quelques instants.

— Vous voulez récupérer la taie d'oreiller ?

— On peut lui laisser ?

— Non, ça va pas être possible avec l'incinération.

J'étais déçue de savoir qu'il allait partir sans aucun souvenir, mais...

— Non.

Même si je savais qu'elle allait l'enlever après notre départ, je préférais le voir sur la taie d'oreiller que sur cette grande table froide et impersonnelle.

Loïs ne perdait pas le nord.

— On va pas le nettoyer un peu avant ?

— Vous voulez ?

— Oui.

La vétérinaire avait pris quelques petites compresses mouillées et nettoyé le nez du lapin avec un peu de difficulté car le sang avait commencé à coaguler.

Puis, elle avait laissé le petit corps et était allée à son bureau. J'étais abasourdie.

— Votre nom et prénom.

J'arrivais encore à répondre.

— Votre adresse et nom du vétérinaire.

Les mots sortaient avec difficulté. Annalise avait posé sa main sur mon épaule et pris le relais.

— Nom du lapin.

Je ne savais plus. Je l'appelais Patapouf ou petite patate.

Ma fille avait répondu en me regardant, surprise.

— Albator.

Ah oui... C'est vrai, son nom civil, c'était Albator. Nous avions sciemment choisi ce prénom. À cause de son histoire.

Ce soir, c'était un peu Jude Law dans "Retour à Cold Mountain". Tout ce chemin, toutes ces embûches affrontées pour mourir bêtement. Jude Law en plus beau !!!

VI

Le certificat d'incinération était dressé. J'avais signé, sans vraiment comprendre les choses.

La vétérinaire était passée aux choses sérieuses.

— Vous souhaitez lui dire au revoir ?

Avec une voix à peine audible, j'avais répondu.

— Oui.

Annalise était sortie : j'avais demandé à être seule.

Ma fille aussi, s'était éclipsée.

Je me rapprochais de la table et me mettais à la hauteur de son petit corps, de sa tête. Il était si petit, si vulnérable, lui qui avait été une telle force de la nature. Je lui parlais doucement. C'était comme si je m'étais attendue à ce qu'il se relève d'un bond. Mais rien ne se passait.

— Ma petite patate, mon petit lapin, je te demande pardon. Repose en paix. Je te demande pardon.

Je le caressais. Les mots étaient inutiles. Juste pour moi. Et à vrai dire, je ne savais pas quoi dire. J'avais juste cette culpabilité en moi et je voulais qu'il me pardonne de ne pas l'avoir assez surveillé sur le balcon, ce soir-là, car je m'en voulais d'avoir cru qu'il n'allait pas tenter de jouer les aventuriers, encore une fois.

Je regrettais de ne pas l'avoir laisser dans le salon, avec nous, à manger les croquettes et la nourriture humide pour chats. Il trouvait ça meilleur que la nourriture pour lapin. Alors, dans sa cage, il avait droit à du persil, de la coriandre, des pommes, des croquettes pour lapin et parfois un petit bout de brioche. Et dehors, une fois sorti, c'était la liberté, il mangeait ce qu'il voulait.

Je voulais me réveiller et le voir au milieu des chats, les plus improbables des compagnons pour un lapin. Mais la lumière forte de la pièce m'empêchait de croire que j'allais sortir d'un mauvais rêve.

Je me redressais, abattue, et remontais la taie jusqu'à la moitié de son petit corps.

— Au revoir, mon lapin.

Je m'étais retournée et avais dit à ma fille qu'elle pouvait entrer.

Je sortais donc, et je rejoignais Annalise.

— Voilà, il est mort. Il a quand même bien vécu. Il aurait pu vivre plus longtemps s'il était pas tombé du balcon… mais c'est la vie, c'est comme ça. Ça va, toi ?

Annalise avait perdu Câline et dernièrement, Caramel. Le même style de chat que Caca mais en roux.

Caramel avait fait des crises de calcul qui le clouaient au sol, ces derniers temps. Régulièrement, Annalise et Hector l'avait emmené aux urgences vétérinaires.

Mais avant qu'ils partent en vacances, trois jours de suite, il n'était pas rentré. Puis quatre, six, huit…jusqu'à aujourd'hui.

C'était début Août. Nous avions supposé qu'il avait eu une terrible crise de calcul quelque part et qu'il n'avait pas pu rentrer, terrassé par la douleur. J'avais bien tenté pendant leur absence de suivre Fripouille mais je ne sautais pas encore les clôtures… un jour peut-être.

Fripouille, c'était le même style de chat que le Petit mais en camaïeu gris. Un petit lion. Il était perdu sans son pote Caramel, le doyen de la fratrie. Je le voyais, depuis quelques temps, partir le matin et rentrer le soir. J'étais sûre qu'il savait où se trouvait Caramel ou du moins, sa dépouille. Je caressais le doux rêve qu'il avait été récupéré par des gens bienveillants, pendant sa crise.

Paix à ton âme, si ce n'était pas le cas.

Quand j'y pensais, je me disais que c'était horrible de ne pas savoir. Je culpabilisais pour la mort d'Albator mais au moins, nous avions été présents, dans les derniers moments et nous avions pu lui dire au revoir.

VII

Ma fille était sortie. Sans un mot.

Annalise avait mis la main sur son épaule pour la consoler mais elle était restée raide comme le bâton de la Justice.

Plus tard, elle m'avait confiée qu'elle s'était retenue de pleurer à ce moment là. Elle avait dit "au revoir" à Albator et avait voulu lui demander pardon parce qu'elle considérait qu'elle n'avait pas assez fait attention à lui, qu'elle ne l'aimait pas comme elle aimait nos chats et qu'après tout, c'était mon lapin.

Elle lui avait demandé pardon dans sa tête car elle ne se sentait pas à l'aise avec la vétérinaire dans le couloir.

Nous venions d'une famille un peu pierre à feu et nous avions du mal à montrer nos sentiments.

Mais avec nos petits compagnons, nous n'avions aucune difficulté à nous épancher. Eux pouvaient tout entendre et ne nous en voulaient pas. À part si leur envie d'uriner dans notre panière de linge sale ou sur le tapis de porte du voisin était contrariée. J'étais bien heureuse d'avoir demandé pardon à Albator car je m'en voulais. Et même en l'ayant fait …

Et oui, j'en étais là de ma culpabilité.

Au retour, ma fille était restée silencieuse. Moi, je discutais tranquillement avec Annalise de leur futur déménagement.

Hector et elle avaient eu Baptiste, petit garçon tout potelé, heureux de vivre qui nécessitait plus de place et donc, un nouvel appartement.

Ça me contrarait un peu qu'ils partent. Nous étions presque tous détenteurs de chats dans la co-propriété et appelions notre résidence, "la résidence des chats".

Hector et Annalise avaient eu quatre chats, il en restait deux.

Mathilde, ma voisine du dessous, avait un chat.

Marina, au même étage, idem. Mon voisin à l'étage, au bout du couloir, avait aussi une magnifique petite écaille de tortue. Et moi, quatre chats.

Sur douze appartements, c'était pas mal neuf chats. Sans compter, qu'à un moment donné, mes voisins qui étaient partis, en avaient eu treize.

Arrivée à la résidence, Loïs était sortie de la voiture et montée de suite.

Elle avait contourné l'endroit où nous avions retrouvé Albator.

Moi, j'étais restée papoter un peu avec Annalise, de tout et de rien.

En fait, je repoussais le moment de me retrouver dans le salon, face à cette cage vide, à ces petites crottes ici et là, et ces petits pipis dans les coins.

Finalement, j'avais laissé Annalise.

Ce qui avait été une crainte s'était avéré une réalité.

Dans le salon, j'étais comme un zombie. Mon regard errait à la recherche d'Albator, rêvant d'être surprise par une hypothétique boule de poils blanche aux grandes oreilles noires.

J'envoyais un message à ma sœur pour lui annoncer la triste nouvelle.

— *On revient des urgences vétérinaires. Le lapin est décédé. Il est tombé du balcon. On l'a fait incinérer. Dur…*

Ma soeur avait répondu de suite.

— *Oh, le pauvre ! Paix à son âme.*

— Ça nous a vraiment foutu un coup... Je crois que ça me fout pas autant les boules quand c'est des humains...Après, c'est la première fois que je suis confrontée à la mort...

— Ben, c'est normal. C'était ton lapin.

Oui. Elle avait raison. C'était mon lapin...

VIII

J'avais veillé jusqu'à cinq heures du matin devant la télévision où les épisodes du "Ranch" défilaient sans interruption sur Netflix.

J'avais perdu l'appétit, le goût des aliments.

Je m'étais forcée à manger des corn-flakes que j'avais trouvés sans saveur, fades.

Comme un automate, j'étais allée me doucher.

J'avais mis tous les vêtements d'aujourd'hui au sale. Sous la douche, je m'étais frottée plus que d'ordinaire. Je pense que j'essayais de faire partir tous les évènements de la journée passée.

J'avais pris un short et le premier t-shirt qui étaient venus. Et c'était en me brossant les dents que j'avais constaté qu'il y avait un adorable lapin nain sur le devant de mon haut. J'étais restée prostrée quelques instants et j'avais ensuite continué à me brosser les dents, machinalement, en essayant de ne pas croiser le regard du lapin. Je n'avais pas eu le courage d'enlever le t-shirt.

Une fois, dans mon lit, je n'avais dormi que deux heures.

J'étais inconsolable.

Ma gorge, ma poitrine étaient prêtes à exploser et me faisaient atrocement mal tellement je tentais de contenir mes sanglots.

Je n'avais pas pour habitude de laisser libre cours à mes émotions et ma formation d'infirmière m'avait confortée dans cette attitude. Distance professionnelle était de rigueur et il fallait savoir maîtriser tout son être.

Mais là, garder toute cette tension me torturait.

Alors, j'avais ouvert les vannes. J'avais pleuré à chaudes larmes, sans savoir à quel moment j'allais pouvoir m'arrêter. C'était un vrai soulagement.

J'avais comme l'impression d'avoir des trombes d'eau en moi. Je m'étais laissée aller autant que c'était possible.

J'avais fini par me sentir plus légère, tout en ayant un vide au fond de moi car le plus dur, c'était le manque, l'absence.

J'avais toujours en tête, les images de bonheur et je m'en voulais parce que je n'avais pas fait ce qu'il fallait pour l'avoir auprès de moi.

Je n'arrêtais pas de me dire "J'aurais dû faire ci, faire çà".

La culpabilité me tenaillait.

Alors, j'avais décidé d'écrire. J'écrivais et je pleurais en même temps. J'avais tout lâché, tout posé : mes remords, mes regrets et mon amour.

Pendant que je posais les maux et les mots sur le papier, quelque chose avait fini par me manquer : les petits reniflements qu'Albator avait l'habitude de faire, signes de ses rhumes chroniques, le bruit de sa gamelle balancée à travers sa cage parce que la nourriture qu'il avait alors, ne lui convenait plus et qu'il cherchait à attirer l'attention. Quelqu'un me manquait. Alors les sanglots étaient repartis de plus belle, brouillant ma vue, mais n'interrompant pas pour autant la frénésie de mes doigts sur le clavier.

À Treize heures trente-cinq, alors que j'étais toujours affairée à expulser ma peine, la sonnerie de mon téléphone avait retenti. Je jetais un coup d'œil sur l'écran : Numéro privé. Comme à mon habitude, lorsque l'interlocuteur était inconnu, je n'avais pas répondu.

L'icône "message sur répondeur" était apparue. En général, aucun message ne suivait après l'appel d'un démarcheur. J'avais donc, immédiatement, écouté le message. C'était mon vétérinaire.

— *J'ai eu le compte rendu malheureux de Villeneuve pour votre lapin Albator.*

Il aura eu une vie tumultueuse entre ses bagarres avec les chats, son œil et maintenant, son saut par le balcon.

Apparemment, il n'a pas trop souffert, il est arrivé à la clinique déjà décédé.

Je voulais juste en savoir un peu plus, et puis, je vous souhaite bon courage.

Bon courage à vous. Au revoir.

Je l'avais rappelé sans attendre, à son cabinet.

La secrétaire m'avait d'abord annoncé qu'il était en consultation mais lorsque j'avais donné mon nom, elle m'avait aussitôt mise en relation avec lui. Nous avions, alors, discuté de la vie mouvementée d'Albator.

— *Il a vécu comme un aventurier et a fait honneur à son nom.*

Il avait continué à lui rendre hommage mais c'était la phrase qui m'était restée de notre échange.

Albator, de par son histoire, avait créé une relation particulière entre le vétérinaire et moi. Il m'avait soutenue dans mon combat pour le sauver et avait même menti pour lui. Pour qu'il ait une meilleure vie.

La conversation que nous avions eue, m'avait ramenée deux ans auparavant.

À l'époque, je n'avais encore que trois chats. J'étais en deuxième année d'études infirmières et Loïs était en cinquième au collège.

Je vivais sur un petit nuage car heureuse de cette reconversion.

J'avais travaillé dans un organisme de recouvrement qui m'avait permis au bout de dix-sept ans de *bons et loyaux services non considérés*, de bénéficier d'un Congé Individuelle de Formation (CIF). J'avais eu envie de changer d'orientation professionnelle et de donner vie à ce qui était resté un projet oublié dans un coin de ma tête.

La formation coûtait vingt quatre mille euros et je n'aurais jamais pu la financer par mes propres moyens.

J'avais dit " *bons et loyaux services non considérés* " car pendant tout ce laps de temps, je n'avais perçu que le minimum d'avancement et avait au bout de tant d'années (dix huit ans, très exactement !) un salaire s'élevant seulement, à mille quatre cent euros net sur quatorze mois.

Un jour de ras le bol, j'avais constitué mon dossier CIF.

J'avais gravi toutes les étapes avec succès, en passant par le concours jusqu'à l'acceptation de ma candidature dans un grand hôpital de la région parisienne.

Et depuis le vingt quatre Juillet de l'année dernière, j'étais infirmière.

Mais, j'étais en deuxième année quand Albator était entré dans ma vie.

IX

Ma fille était sortie de son lit.

Je me rendais compte qu'il était seize heures et que j'écrivais depuis le matin.

Je décidais de faire une pause.

J'allais faire mes ablutions et je m'apprêtais à faire ma prière. Tapis en direction de la Mecque, jilbab, je me prosternais.

Au moment du "*Dhikr*", l'exaltation de Dieu par la répétition de son nom et la recherche de son pardon, mes mots restaient coincés dans ma gorge.

Je n'y arrivais pas. Je me rendais compte que j'étais en colère contre mon Dieu.

Je voulais bien me soumettre à ses obligations, mais je ne voulais pas lui parler. Il m'avait enlevée mon lapin. Il lui avait donné la santé mais ôté la vie.

À quoi ça servait ?... J'étais tout simplement en colère contre Lui.

À la place des mots, des larmes qui coulaient malgré

moi.

Les prières de ce jour ne seraient pas suivies de dhikr. J'en étais incapable.

Ma fille et moi échangions nos premiers mots de la journée vers dix sept heures trente mais le cœur n'y était pas. Nous étions, toutes deux, moroses.

L'évier de la cuisine débordait de vaisselles. Mais peu m'importait. Je n'avais que faire du désordre qui régnait dans le coin cuisine et le salon.

Loïs s'occupait de ses escalopes de poulet panées.

Moi, je n'avais pas vraiment faim mais je me préparais néanmoins un plateau : Salade, pain-beurre et une tisane.

Je n'avais aucune envie de me connecter au monde réel, alors j'avais mis Netflix et les épisodes du "Ranch" avaient continué à défiler.

J'étais incapable de me concentrer sur quoique ce soit. Je m'étais donc mise à visionner les anciens messages en rapport avec Albator, lorsque je l'avais sauvé.

Je voulais me rassurer sur son âge, me dire qu'il avait bien vécu. Je refusais de me dire que sa vie avait été écourtée de manière prématurée.

Je savais que dans la nature, les lapins avaient une durée de vie très courte, au maximum deux ans. Par contre, un lapin domestique pouvait vivre une bonne dizaine d'années.

Selon les dires de Loïs, Albator avait environ six ans. C'était trop peu à mon goût.

Alors, j'étais remontée dans les messages que j'avais échangés avec son ancienne maîtresse.

Albator avait, au début, vécu cinq ou sept ans au fond d'un jardin par tous les temps, dans une cage nettoyée toutes les trois semaines. Puis, deux ans dans une famille, avant d'arriver chez nous, où il avait pleinement profité de la vie pendant deux ans. En tout, il avait vécu presque dix ou douze ans.

Même si cela me chagrinait de l'avoir perdu, je me disais qu'il avait passé le cap du lapin ordinaire et qu'il avait bien profité. Et çà, c'était inestimable à mes yeux.

En y repensant, Albator était une vraie force de la nature. Il avait résisté aux intempéries au fond d'un jardin et aux mauvais traitements. Trois vies différentes dans une même vie. C'était finalement exceptionnel pour un lapin.

Je relisais les messages qui me ramenaient à mon combat pour l'arracher à son ancienne famille. Comme beaucoup, ses anciens maîtres pensaient qu'un lapin devait vivre dans une mini cage où il pouvait à peine se retourner, avec comme nourriture, du pain dur, de la laitue et une carotte.

Une petite enveloppe était apparue en haut de l'écran de mon téléphone.

Hélène, une amie que j'avais rencontrée à l'école d'infirmière, m'invitait à son anniversaire, la semaine qui arrivait. Je n'avais, évidemment pas, le cœur à faire la fête, alors je décidais de refuser en lui expliquant que j'avais perdu Albator.

"Oh, mince, je suis vraiment désolée pour toi. Courage, ma petite Marie. Je suis de tout cœur avec toi.

— Merci. Tu te souviens de quelle façon je m'étais battue pour lui... Alors, c'est très dur pour moi de l'avoir perdu, comme çà. Mais, c'est la vie... On décide de rien.

— Oui, je me rappelle et je comprends que ce soit

d'autant plus difficile."

Alors que je me battais pour lui, Albator avait suscité une vague d'émotions chez mes consœurs ESI (Étudiantes en Soins Infirmiers) : j'avais montré des photos de son abcès à l'œil.

Il avait alors déchaîné les passions et la question "Doit-on le laisser à sa famille actuelle ou leur enlever ? " ne laissait personne indifférent. C'était même devenu une question d'éthique, le feuilleton incontournable du moment !

Isabelle, une des étudiantes de mon groupe de travail, avait eu un lapin et elle était toute retournée par cette histoire. Elle m'avait expliquée que son lapin vivait en liberté chez elle et qu'elle lui avait fait faire un clapier sur mesure. C'était avec beaucoup de tendresse et de nostalgie qu'elle m'avait raconté qu'il l'observait sagement, la tête appuyée contre son bureau, alors qu'elle faisait ses devoirs.

Souvent, les gens avaient du mal à s'imaginer la relation de complicité qui pouvait s'installer entre un lapin et son maître. Albator, lui, venait gratter ma jambe lorsque je regardais la télé. C'était sa manière d'attirer mon attention et de réclamer un câlin. Je m'exécutais aussitôt et pendant que je lui faisais des caresses, il posait sa petite tête sur mon chausson. La séance terminée, il restait là, pendant quelques secondes, les yeux mi-clos et repartais ensuite, à l'assaut du monde.

J'étais donc soulagée par son âge : cela signifiait qu'il n'était pas mort prématurément. Satisfaite, je m'empressais d'en informer Loïs. Elle souriait.

— T'es sûre ?

— Oui, je l'ai lu dans les messages de Tata Anastasie.

Je lui avais fait tout un "récap" de la vie d'Albator. Elle écoutait, en mangeant ses escalopes de poulet, hochant la tête de temps en temps, amusée par mon raisonnement.

Je me souviens que Loïs m'avait rapporté qu'il vivait chez Anastasie, dans sa petite cage, coincée entre la poubelle et la table de cuisine. À l'époque, le traitement qui lui était imposé, avait choqué ma fille. Jamais je n'avais vu ce petit lapin, les rares fois où j'avais rendue visite à Anastasie.

Par la suite, à son arrivée chez nous, sa petite cage avait été remplacée par un clapier-duplex que j'avais eu en solde à l'animalerie du coin, et une cage d'intérieur, pour la saison hivernale, d'une longueur d'un mètre.

Je n'étais pas très confiante sur le fait de le laisser en liberté. J'avais lu les témoignages de certains maîtres. Mais Albator était respectueux des fils électriques et du mobilier. Au fur et à mesure, je lui avais donc accordé le droit de gambader dans l'appartement et sur le balcon. Nos chambres étaient les seules pièces qui lui étaient interdites : étant donné qu'il n'était pas stérilisé, il gratifiait sans complexe, chaque coin de pièce, d'un énorme pipi. Il avait même, dans les premiers temps, baptisé le lit de ma fille. Et c'est ce qui avait motivé le véto. Néanmoins, il était docile et n'avait pas cherché à aller dans les chambres, par la suite.

Contrairement à son habitude, ma fille était restée regarder la télé avec moi sur notre canapé velours noir Ikéa de deux mètres, qui n'avait plus rien d'élégant dans la mesure où il servait de grattoir aux chats et que sa base laissait apparaître quelques traces jaunâtres, vestiges d'Albator.

Pour cacher son piteux état, j'habillais l'assise d'un plaid, ce qui malgré tout, contribuait à lui redonner du style.

J'appréciais que Loïs soit à mes côtés dans cette période difficile.

Nous avions regardé l'épisode de "Bull" que nous avions manqué le soir du drame, ce qui me replongeait douloureusement dans le passé.

Je me revoyais, penchée sur mon balcon, réalisant que c'était sa petite silhouette blanche qui se trouvait, en contrebas, dans l'obscurité de la nuit.

Une semaine après, la douleur causée par la perte d'Albator était encore vive. J'aurais aimé qu'elle ne le soit pas mais c'était le témoin de son passage parmi nous et de notre tendresse pour lui.

Au moment du coucher, j'avais remis de l'eau dans la fontaine des chats, rempli les gamelles de croquettes et demandé à Loïs de vider les litières de leurs crottes.

En jetant un coup d'œil panoramique au salon, je m'étais dit que notre appartement était bien plus leur demeure que la nôtre : il y avait des croquettes, des grains de litière et des poils dans chaque recoin, à l'occasion des vomis prédigérés contenant des boules de poils, malgré plusieurs coups de balai, de serpillière et d'aspirateur par jour.

Mêlés au mobilier, trois maisons-litières avec entrée sur le dessus, des gamelles, la cage du lapin, un arbre à chat de deux mètres se trouvaient dans le salon. Sur le balcon, autour de ma table de jardin et de deux chaises, parmi les plantations, trônaient le clapier et la cage de transport. J'étais plus chez eux que chez moi.

Un jour, un représentant pour chauffage me l'avait fait remarquer. Notre entretien avait duré cinq minutes. De toute façon, sa tête ne me plaisait pas !

X

Dimanche 22 Septembre 2019, 8h35.

La veille au soir, je m'étais couchée tôt.

À vingt trois heures trente, je dormais.

C'était très tôt pour moi. D'ordinaire, Morphée ne m'accueillait pas avant deux ou trois heures du matin.

Mais là, j'étais épuisée. Il me fallait bien çà pour ne pas avoir à ressasser toutes ces idées noires, dans ma tête, avant de trouver le sommeil. La tristesse était là, mais la fatigue plus forte.

Ce matin, comme à son habitude, Caca s'était chargé de me réveiller. Il avait émis quelques miaulements plaintifs d'impatience pour que je vienne lui ouvrir la porte du balcon que je n'avais pas fermée cette fois, mais juste bloquée.

J'ouvrais entièrement les volets.

Le temps était gris avec une tendance à la pluie. Ça me convenait. Je n'avais pas envie qu'il fasse beau. Tout était, finalement, en concordance avec la morosité qui me caractérisait depuis la disparition d'Albator.

Je passais la tête dehors et scrutais d'un œil triste, les crottes de lapin et les traces jaunâtres sur le béton gris de la terrasse.

J'avais pris un petit pot en verre vide sur une des étagères du balcon pour ramasser les petites crottes sèches d'Albator. Elles jonchaient le sol de toute part et je décidais d'en laisser quelques unes, histoire d'entretenir son souvenir. De toute façon, certaines étaient inaccessibles, comme celles sous la grande étagère où j'entreposais mes plantes et mes pots. Il aurait fallu tout déplacer. Cela m'aurait pris un temps fou et je n'en avais ni l'envie, ni la force.

J'avais fait des plantations, le jour de la mort d'Albator et mis en terre un arbuste du Japon qui n'excéderait pas le mètre.

Une idée m'avait traversée l'esprit : ce serait son arbre commémoratif. J'y mettrais ses crottes récupérées ici et là, en guise d'engrais.

J'avais comptabilisé une dizaine de crottes dans un de ces petits pots en verre où l'on peut voir une laitière verser du lait dans un récipient en fer blanc. Je l'avais ensuite placé sur l'étagère à plantations.

Je jetais un coup d'œil circulaire aux jardins environnants, calmes, silencieux et comme hier, retournais au lit, ordinateur en main.

La porte fenêtre de ma chambre entr'ouverte et bloquée par un chausson pour qu'elle ne se referme pas, me laissait parvenir tous les bruits de la ville.

Je n'étais pas si loin, mais j'avais la chance d'avoir un appartement qui donnait sur une cour intérieure et les vergers des pavillons aux alentours, ce qui rendait les bruits de la ville plus sourds et moins audibles.

Pas de vis-à-vis et le ciel, quel qu'en était la couleur, au dessus de ma tête et à perte de vue.

J'étais au deuxième étage d'une résidence qui en contenait deux et j'avais l'impression d'être à la campagne. À ce moment, les bruits de la ville me parvenaient aussi bien que ceux du souffle du vent dans les arbres.

Je regardais le ciel par ma fenêtre. Je n'avais évidemment pas de rideaux, ils auraient fini lacérés par les chats.

Des nuages gris couraient au dessus de nous. Ils

avaient fini par être tellement nombreux qu'ils se fondaient dans le ciel qui avait pris la même couleur.

Ce tableau annonçait une violente averse.

Les gouttes commençaient à s'écraser sur la vitre et à former, peu à peu, une flaque sur le sol. Contemplative et flemmarde, j'envoyais Loïs fermer la porte du salon.

J'aimais ce temps : le ciel pleurait la mort d'Albator, tout comme moi.

Mes quatre félins étaient autour de moi.

Caca, dans une pose indescriptible digne d'un contorsionniste, se prélassait sur le fauteuil de camping que j'avais coiffé d'une couverture bleue ayant appartenu à mes parents et dont je ne voulais pas me séparer.

La Grande au pied de mon lit était allongée sur le côté, de tout son long et les quatre pattes en extension.

La Petite, lovée en boule en haut de ma commode, se trouvait dans un abri d'arbre à chat, l'idéal pour elle qui aimait les espaces confinés et surtout hors de portée de Caca.

Le Petit ronflait tranquillement, en haut de ma bibliothèque.

En les observant tous, je me rendais compte que j'aimais mes chats, mais que c'était triste de n'avoir que des chats.

Ma sœur et moi avions l'habitude de faire du sport, le dimanche matin. Soit de la natation, soit de la marche intensive. La veille, je l'avais prévenue, par SMS.

"Pas de sport pour moi, je suis une loque. J'arrête pas de pleurer.

— Faut bien que tu te soulages. Les dernières semaines ont été chargées en émotion. Donc, maintenant, faut que tu ouvres les vannes.

— Mon lapin me manque vraiment.

— Prends en un autre.

— Non, c'est pas bien de faire çà.

— Ben, pourquoi ? À toi de voir.

— Je peux pas le remplacer par un autre.

— À toi de voir."

Est-ce qu'un nouveau lapin me permettrait d'oublier ma douleur ? Je n'en étais pas persuadée.

Néanmoins, j'avais commencé à regarder les sites d'adoption de lapins. C'était à se fendre le cœur : Maltraitances et abandons étaient au rendez-vous.

Du lapin d'expérimentation au lapin dont on ne voulait plus, ils étaient tous mignons, mais je ne savais pas lequel choisir. Le site où l'on pouvait adopter des lapins cobayes, sujets d' expériences en laboratoire, indiquaient qu'ils étaient voués à l'euthanasie. Étrangement, ils étaient tous blancs et se ressemblaient. J'étais plutôt mal à l'aise et abandonnais rapidement l'idée du lapin d'expérimentation.

J'en parlais quand même à Loïs. Mais au plus profond de moi, je savais que si je prenais un lapin, je ne voulais pas avoir à choisir, je souhaitais qu'il soit mis sur mon chemin, comme chacun de nos petits compagnons, en fonction de circonstances aléatoires et non provoquées.

XI

Il était bientôt dix huit heures.

J'avais promis à mes parents de les appeler.

Depuis leur retraite, ils étaient retournés vivre au pays, à la Réunion.

Pour garder le contact plus facilement, avec ma sœur, l'année dernière, nous avions créé un compte "WhatsApp" à notre père.

Par la suite, nous avions finalisé la création par un groupe commun intitulé "Famille" auquel nous avions ajouté mon frère et ma belle-sœur. De cette manière, mes parents participaient à nos vacances, à la rentrée des enfants, aux anniversaires, à la vie de tous les jours, par le biais de nos photos. J'étais assez fière de mon père qui, à soixante-dix ans, gérait très bien l'application.

Avec le décalage horaire qui variait de deux à trois heures selon les saisons, nous étions obligés de convenir d'un rendez-vous pour être sûrs de les avoir en ligne. La possibilité nous était donnés de les voir en vidéo mais souvent, la trop grande distance brouillait la connexion. J'optais donc, le plus souvent, pour la conversation téléphonique sans le visuel.

Avant d'appeler, je mangeais un truc vite fait : salade, pain-beurre, tomate, une tisane, des gâteaux au beurre et fleur d'oranger.

Dix-huit heures trente. J'appelais. Mon père répondait. Il m'avait raconté que, suite à un accident, il s'était acheté une nouvelle voiture. Nous avions parlé de sa santé, de choses et d'autres.

Sentant qu'il avait épuisé son flot de paroles, je lui demandais des nouvelles de "la mère". Il lui avait, alors, passé le combiné. Avec elle, c'était plus sérieux : nous avions parlé de la mort, de la terre où ils se trouvaient, de la famille et de ses éternels conflits. J'avais évoqué la rentrée de Loïs, quinze ans, en classe de seconde. Je lui avais raconté, avec fierté, l'histoire du carton à dessin que ma sœur avait retrouvé dans sa chambre, que Papa m'avait acheté, trente ans auparavant, pour mon entrée au lycée. Loïs l'avait récupéré à son tour. C'était émouvant de réaliser que des objets pareils pouvaient être transmis d'une génération à l'autre, en allant aux mêmes endroits mais pas aux mêmes moments. Loïs allait, en effet, au même lycée que moi, avec trente années d'écart.

J'avais confié à ma mère, mes soucis dernièrement rencontrés au boulot : J'avais été victime de harcèlement pour incompatibilité d'objectifs, si on pouvait appeler ça comme ça. Mon objectif, en tant qu'infirmière, c'était le patient, celui de certains de mes collègues, leur confort. En six mois, mes idéaux avaient été anéantis par cet hôpital de proximité. Ce difficile constat m'avait décidé à retourner aux origines, où j'avais été formée. Un retour aux sources pour me rassurer sur ce pourquoi j'avais fait ces trois ans.

Ça me faisait du bien de parler à mes parents. Je me retrouvais petite fille. Pouvant toujours compter sur leur soutien et protection.

Parent, un jour. Parent, toujours.

J'avais oublié qu'ils avaient ce don de réassurance, comme on dirait dans le jargon infirmier. Même sans un mot, juste parce qu'ils étaient là. Ma boussole, mon ancre. J'étais heureuse de les avoir appelés. Ça m'avait fait du bien. C'était comme si la vie reprenait son cours et que j'avançais. Le temps de la conversation avec mes parents, j'avais oublié mon chagrin.

Mais lorsque j'avais raccroché, j'avais jeté un coup d'œil circulaire à la pièce. La cage d'Albator était toujours là et la douleur s'était réveillée, à nouveau. Je m'étais dit qu'il fallait que je la nettoie, la descende au local à vélo, histoire de réagencer la pièce. J'avais décidé de mettre tous les effets d'Albator dans une boîte : les sachets de croquettes au thym, en forme d'anneaux et de toutes les couleurs, aux différentes saveurs, ses barres aux fruits et au miel (Cf. rubrique "Pour le bien-être de votre lapin"), les ciseaux achetés dernièrement pour couper ses griffes. Je me souvenais alors, que lorsque nous l'avions récupéré, ses griffes étaient tellement longues, qu'elles formaient des spirales...

Ce soir là, je n'étais pas fatiguée. Je savais que j'allais dormir tard et même tôt, dans la matinée. Je continuais à regarder ma série. Une vague d'émotion et de colère me submergeait.

Pourquoi Dieu m'avait-t-il fait çà ? On disait

toujours que c'était un mal pour un bien. Mais, je ne voyais pas encore quel bien, je pouvais tirer de la perte accidentelle d'Albator.

XII

Lundi 23 Septembre 2019, 6h00

J'allais, enfin, me coucher. Mais il m'avait été impossible de m'endormir de suite. J'étais toujours triste, en colère. J'avais pleuré de rage, en me tournant et retournant dans mon lit. Et, finalement, j'avais fini par m'endormir, rongée par le chagrin mais épuisée.

À huit heures, j'avais entendu ma fille partir pour le lycée. Je m'étais rendormie, jusqu'à dix heures trente.

Comme chaque jour, depuis la disparition d'Albator, j'effectuais les mêmes rituels : aller aux toilettes, faire mes ablutions, ouvrir les volets et la porte du balcon, boire un grand verre d'eau, retourner au lit, ordinateur en main.

Mes chats avaient tout imprimé : dès que je me glissais sous les draps, ils s'installaient autour de moi. Ce matin, tous étaient là, sauf le Petit qui manquait à l'appel.

J'avais constaté que la Grande me regardait,

souvent, fixement. Elle ne dormait pas. J'avais l'impression qu'elle attendait que je réagisse.

À chaque fois que je bougeais pour me réinstaller, mes fesses n'en pouvant plus d'être compressées, la Grande était prête à bondir du lit. À ses regards insistants, je la sentais caresser le doux espoir que je quitte mon lit.

À chaque fois, je la sentais déçue.

Aujourd'hui, je me fixais l'objectif d'écrire jusqu'à seize heures.

Il était midi. Je levais le nez de l'ordinateur. J'envoyais un message à Edmée, une amie de mon ancien boulot. Nous étions restées en contact et nous tenions au courant de nos vies respectives, régulièrement.

Elle avait perdu récemment sa chatte atteinte d'un cancer. Elle, qui ne s'imaginait pas avoir de petits compagnons, s'était finalement prise d'affection pour la chatte de sa belle-mère qu'ils avaient dû récupérer, son mari et elle.

Elle m'avait envoyée un message, il y a quelques jours, pour savoir si je me remettais de mon expérience malheureuse tirée de mon premier vrai poste d'infirmière. Je n'avais pas encore répondu.

Je lui confiais donc, que j'avais perdu Albator et que j'en voulais à Dieu.

— *C'est la première fois que je suis confrontée, à la mort, dans mon entourage, c'est une catastrophe.*

Edmée aussi, avait suivi le feuilleton palpitant du petit rescapé et comprenait, donc, la peine que j'avais.

Elle et moi étions de différentes obédiences religieuses. Et c'est ce qui nous avait rapprochées : nous avions plaisir à échanger sur nos pratiques.

Elle connaissait mes convictions religieuses et avait les siennes mais en aucun cas, cela ne nous divisait. J'étais assez fière de cette relation aux bases solides.

— *ça doit être très douloureux pour toi et je peux le comprendre pour avoir perdu mon précieux chat. Nos animaux sont très attachants et ce sont de véritables amis. Dieu n'y est pour rien. Mais, à ce moment, on en veut à la terre entière.*

— *Je n'aime pas vraiment cette année. Désillusion sur le monde hospitalier, perte de mon lapin, ma petite bataille. On dit toujours, ce qui ne te tue pas, te rends plus fort. J'attends de voir. Pour moi, Dieu sait tout et décide de tout.*

— Ce n'est pas lui qui tue ou fait mourir. C'est un Dieu d'Amour. Par contre, temps difficiles et imprévus arrivent à tous. Il s'agit d'un animal. Prends le temps de faire ton deuil, même si cela peut te paraître long.

— Il est tout puissant et a tout mon amour. Mais, il décide de tout. Et un animal est, tout autant que nous, une créature de Dieu.

— Une créature de Dieu, oui, mais pas plus importante qu'un humain à qui Il promet la résurrection.

— Merci pour tes réponses. Ça me fait réfléchir, mais ça n'apaise pas ma peine pour autant. Du moins pour le moment. Mais, ça me fait du bien de te lire. Tout ce que tu me dis me fait avancer dans mon processus de deuil.

— Prends le temps, prie, tu iras mieux, petit à petit.

— Cette discussion m'a fait du bien. Merci à toi.

J'effectuais quelques recherches pour confirmer mes dires sur le statut et la condition d'Albator dans l'Islam. Je les envoyais, de suite, à Edmée.

" *Nulle bête marchant sur terre, nul oiseau volant de ses ailes, qui ne soient comme vous en communauté.* " Coran, Sourate 6, Verset 38. En d'autres termes, nous étions tous les mêmes pour Dieu.

De même, le Prophète Mohamed (Saws) avait dit : "*Une femme a été tourmentée en enfer à cause d'une chatte qu'elle avait enfermée jusqu'à ce qu'elle périsse. À cause de l'animal, elle entra en enfer. Elle ne l'avait ni nourrie, ni abreuvée alors qu'elle l'avait enfermée, ne lui laissant pas la possibilité de consommer ses proies. Al-Bukhâri, Muslim.*"

Tous ces mots m'apaisaient et me persuadaient que tout avait une fin, que je ne comprenais pas pour le moment. Néanmoins, je me sentais mieux. Ma colère était en train de retomber.

Edmée m'avait répondu.

— *Dieu prête attention aux animaux, même aux plus petits... Ayant été créé " à l'image de Dieu ", les humains se distinguent des animaux en manifestant des qualités divines, comme la sagesse, la justice ou l'amour. De plus, ils naissent dotés d'un sens moral et d'une dimension spirituelle. Ce n'est pas le cas des animaux…*

— ça me fait vraiment du bien de te parler mais cet humain là se fait rare. Et mes petits compagnons manifestent plus de marques d'amour que certains humains. Pour moi, ils méritent tout autant de respect qu'un être humain. Je n'adhère pas mais je respecte, néanmoins, ton point de vue. Et je prends cette conversation comme un signe de Dieu qui me soutient dans ma peine.

J'aimais vraiment discuter avec Edmée : nos principes religieux étaient différents, malgré tout, nous agissions avec respect. J'appréciais cette différence, dans la mesure où elle me poussait à approfondir mes connaissances.

Ma fille était rentrée et m'avait trouvée, encore, au lit. Son regard reflétait la désapprobation mais elle n'avait pas bronché.

Ma fille, du haut de ses quinze ans, elle en avait vu. Pendant mes trois années d'études, elle était passée au second plan. J'avais alors montré que je n'étais pas une mère parfaite, ce que je m'étais évertuée à être, avant cette formation. De cette période, elle gardait la volonté de réussir que je lui avais alors transmise. Elle était déterminée, franche et idéaliste. Et je l'aimais de la manière la plus parfaite possible. Quand je la regardais, j'étais partagée entre un mélange de fierté et d'incompréhension, résultat de la confrontation entre l'adolescence et le monde des adultes. Mais, il y avait une chose sur laquelle nous n'avions aucune divergence : nos petits compagnons. Ils avaient toute notre attention, faisaient notre joie au quotidien et souvent, nous nous asseyions, côte à côte pour les observer. Nous ne supportions pas l'injustice et partagions notre révolte, dans nos moments d'indignation. J'étais fière d'elle, même si le statut d'enfant unique qu'elle était, lui conférait parfois des attitudes que je n'approuvais pas. Mais ça allait, je ne m'étais pas trop mal débrouillée.

XIII

Sous la pression de la Grande, je cédais : je quittais le lit. Il était reconnu qu'avoir un animal de compagnie permettait aux personnes âgées de se maintenir en forme, plus longtemps. Je n'avais, à ce moment, aucun mal à le croire.

Il était dix huit heures cinquante deux. La Grande avait fait une autre heureuse : ma fille semblait, elle aussi, satisfaite de me voir debout.

Échangeant nos premiers mots de la journée, je lui disais qu'il allait falloir se séparer de la cage d'Albator. À ma grande surprise, elle avait grimacé, ce qui m'avait alors étonnée.

— Pourquoi faire ? Elle gêne pas, là…

— Ben, on va pas la garder éternellement, à cet endroit. Sauf si on a un autre lapin. Mais bon… On la mettra à la cave.

Vu la réticence de Loïs, je décidais d'attendre un peu avant de la mettre dans le local à vélo. Ma fille n'avait pas l'air d'être prête à la voir partir. J'en étais touchée, quelque part.

La vie continuait.

C'était l'heure du repas du soir pour les chats. Ils étaient tous présents à l'entrée de la cuisine, sauf Caca qui, lui, s'octroyait le droit d'être affalé sur les pieds de Loïs qui préparait les gamelles.

C'était tout un cérémonial respecté, jour après jour. Caca était le premier à être servi, puis le Petit, la Petite et la Grande qui veillait à ce que tous soient servis, avant de se délecter de sa pâtée.

En dix minutes à peine, la troupe, repue, était sur le balcon, en phase de digestion. Quelques miettes restaient dans les gamelles. D'ordinaire, c'était Albator qui s'en occupait, mais là, elles restaient tristement au fond des gamelles. Je replongeais alors dans le passé.

Vers dix neuf heures, s'il entendait ma voix, il se dressait sur ses pattes arrières, les pattes avant sur la grille de la cage, comme pour me faire comprendre, *"C'est l'heure de manger pour moi, aussi !"*.

Par malheur, si je tardais, il balançait sa gamelle à travers la cage en signe de contestation.

Albator se permettait ce comportement avec moi, parce qu'il savait que c'était devenu un mode de communication entre nous.

Par contre, avec ma fille, rien de tout cela n'arrivait. Elle était moins réceptive à ses sautes d'humeur et il l'avait compris.

Il avait droit à ses croquettes pour lapin, à du persil ou de la coriandre, de la pomme. Parfois, un morceau de brioche toasté ou de rebord de pizza. Un vrai régal pour lui, ce qui me laissait penser qu'il avait été habitué à manger les restes, dans son ancienne famille. Une fois, sa cage ouverte, il allait se servir en croquettes de chat et mangeait leurs restes de nourritures humides. Je veillais scrupuleusement à ce qu'il ait, au moins, quatre heures de liberté par jour. Selon les différentes sites internet que j'avais visité, c'était le strict minimum pour un lapin.

À l'époque, je ne l'appelais pas Albator, mais Patapouf. Ça lui allait bien et c'était un surnom qui m'était venu naturellement : après sa traversée du désert qui lui avait valu malnutrition et retard de croissance, il avait fini par bien profiter de la vie et des repas que nous lui donnions. C'était devenue une charmante petite boule de poils blanche, parsemée de taches noires.

Souvent, quand je rentrais le soir, la première phrase que je disais en entrant dans la cuisine, c'était :

— Il a mangé, Patapouf ?

Et comme s'il avait compris, je l'entendais s'exciter dans sa cage. Une façon de dire pour lui : *"Ben, non !"*.

Albator était aussi présent sur ma liste de courses : il y figurait, systématiquement, du persil ou de la coriandre. Je n'en avais jamais acheté, auparavant. Mais, c'était devenu une habitude. Je n'en achèterai sûrement plus, à l'avenir.

Finalement, je n'avais pas dormi tôt. Si. Tôt, au petit matin, à cinq heures.

J'avais épuisé toutes mes séries et mangé tous les gâteaux apéritifs. En allant me coucher, je constatais qu'un des chats, sûrement le Petit, avait régurgité du liquide rosâtre et mousseux. J'allais, aussitôt, le voir.

Il respirait bien, n'était pas essoufflé et me regardait, fixement, de ses grands yeux verts, interloqué.

Chez l'être humain, ce genre de régurgitation

annonce un OAP (Œdème Aigu Pulmonaire). En gros, du liquide dans les poumons car l'un des ventricules du cœur est défaillant. Mais, je n'étais pas vétérinaire.

Je décidais donc, de surveiller le Petit, de plus près, les jours prochains.

XIV

Mardi 24 Septembre 2019, 7h00.

J'étais réveillée par le bruit d'un chat qui vomissait.

Je me doutais que le responsable de ces régurgitations était le Petit, vus la densité de son poil et son appétit pour les sacs en plastique.

J'étais encore endormie et je n'avais pas encore l'énergie de sortir de mon lit. D'une voix sortie d'outre-tombe, je demandais donc, à Loïs de regarder s'il allait bien. Mais elle ne m'avait pas entendue. Elle devait encore être dans les bras de Morphée.

Consciente que je n'en avais pas le choix, je m'étais levée tel un zombie.

J'allumais les lumières qui m'incendiaient cruellement les rétines. Mes yeux s'étant rapidement habitués à la clarté, je trouvais rapidement le vomi et en vérifiais l'aspect : liquide, moins rosé, moins mousseux. Je soupçonnais une boule de poils d'être à l'origine de tout cela.

Je cherchais le Petit, histoire de voir s'il allait bien. Comme à son habitude, il était suspicieux. Les yeux entr'ouverts et les oreilles légèrement rabattues vers l'arrière, il se demandait sûrement ce qu'il avait bien pu faire pour mériter mon attention.

Puis, me voyant m'éloigner, il s'était détendu et avait repris son activité préférée : paresser.

Non loin de là, la cage d'Albator me ramenait à la réalité, au présent. Elle était désespérément vide. Mais, j'allais mieux et me contentais juste de constater le vide que l'absence d'Albator laissait en moi.

À l'origine, il s'appelait Pompon. Ce n'était pas très original, mais bon. C'était le lapin d'une amie dont je m'étais rapprochée suite à une histoire de cœur malheureuse. Elle avait pris ma défense face à l'attitude de gougeât de mon compagnon de l'époque et j'avais apprécié. Nous n'étions pas du genre à nous inviter mutuellement. Mais, jamais, lors de mes rares visites à son domicile, je n'avais vu ce petit être. Nous entretenions de bons rapports. Ce n'était une folle amitié quand j'y repense mais cordiale et respectueuse. Nous n'avions pas grand-chose en commun mais je lui étais loyale au regard des évènements passés.

Elle tenait une épicerie et je passais, régulièrement la voir pour lui donner un coup de main ou juste la saluer. Elle avait décidé de se lancer dans cette aventure, soucieuse de laisser un capital à ses enfants. Souvent, elle me faisait part de ses peurs face au devenir de cette petite entreprise mais c'était chose ordinaire pour un petit commerce.

Pratiquement, en même temps, j'avais commencé ma formation d'infirmière. Nous avions alors pris plaisir à voir nos projets évoluer, au fil du temps.

Elle était généreuse et nous gratifiait souvent, ma sœur et moi, de petits paniers de légumes ou de fruits.

J'avais rarement gardé ses deux garçons, d'un naturel assez turbulent mais elle m'avait souvent dépannée dans ma condition de mère célibataire.

Le mercredi midi, elle me proposait régulièrement de garder Loïs à l'épicerie pour le déjeuner et ce, jusqu'à dix sept heures après le goûter. Ma fille avait l'habitude de rester seule mais je pensais que le temps serait moins long de cette manière pour une enfant de onze ans.

J'appréciais Anastasie. Elle était attentionnée et bienveillante. Néanmoins, parfois, je m'ennuyais. Nous n'avions pas de sujets de conversations sur lesquels nous épancher et tout tournait autour de nos enfants et nos vies de mère.

Je m'amusais bien plus à l'institut de formation où j'avais fait connaissance de jeunes femmes, sorties de l'adolescence, avec qui je discutais de sujets d'actualités, de politique, et de spiritualité. Du haut de ma quarantaine, j'avais retrouvé un second souffle, et vivait à nouveau une vie d'étudiante. Je la vivais plus intensément que dans mes souvenirs car consciente de la chance que j'avais.

Deux années étaient passées depuis le début de ma formation et je continuais à rendre visite régulièrement à Anastasie. Son aîné et Loïs allaient au même collège privé. C'était sur ma recommandation qu'elle avait pu inscrire son fils dans l'établissement. Cela nous avait rapprochées et nous nous tenions au courant des informations méconnues de l'autre.

C'était un jour de Juin deux mille dix sept, où j'étais passée la voir, que j'avais fait la connaissance d'Albator.

Il allait, irrémédiablement, changer la relation entre Anastasie et moi.

Elle n'était pas là, ce jour-là. Partie en week-end avec ses fils, elle avait indiqué à ses employés présents qu'elle serait de retour le mardi.

Je connaissais bien ses employés et restais donc, discuter avec eux. L'un d'eux m'avait rapportée qu'Anastasie m'avait laissé des affaires pour Loïs. Elle affectionnait les brocantes et en ramenait régulièrement des aubaines dont elle me faisait profiter.

Au fond du magasin, elle avait aménagé une petite pièce qui servait de réfectoire et de salon de thé à l'occasion. En son absence, c'était notre relais. Dans la petite pièce, comme indiqué, j'avais trouvé le sac. J'allais en sortir comme j'y étais entrée, mais une petite cage avait attiré mon attention.

Intriguée, je me rapprochais et découvrais un petit lapin prostré, assis sur ses pattes arrières. Dans son immobilité, je percevais des petits tremblements.

Dans la petite cage, d'environ cinquante centimètres sur cinquante, il y avait du foin, un morceau de pain rassis et une salade Iceberg.

Je ne connaissais rien aux lapins, mais son œil droit était bizarre. Je contournais la cage pour voir l'autre œil. Rien à voir. De l'autre profil, c'était un vrai lapin. Je revenais donc, sur son œil à priori malade et l'observais. Le lapin n'émettait aucun son et se laissait observer. L'œil était quasiment fermé et suintait. Au dessus, comme un œuf sous la peau. Je me répète mais je ne connaissais rien aux lapins. Cependant, j'avais compris de suite que celui-ci souffrait le martyr.

Pour être entendu de ses employés, j'haussais la voix, depuis la petite pièce.

— Il a quoi à l'œil, ce lapin ?

Blandine, l'apprentie du moment, était arrivée de suite.

— Je sais pas, mais il me fait de la peine. J'aurais bien aimé l'emmener chez le véto mais, je peux pas partir comme çà. Mais, franchement, il me fait de la peine, j'ai mal pour lui.

— Elle revient quand Anastasie ?

— Elle revient Mardi, elle est à Marseille.

— Ben, on est Samedi. Il va rester tout seul, jusqu'à

Mardi ? Mais, il sera mort Mardi, t'as vu son œil ?!!!

Albator

(Photo : Marie SOUTON/Juin 2017)

XV

Pendant cinq bonnes minutes, Blandine et moi étions restées silencieuses devant le lapin qui avait comme cessé de respirer. J'étais abasourdie aussi bien par ce que j'avais entendu et vu, que par l'attitude d'Anastasie. Je n'en revenais pas de ce qu'elle pouvait faire endurer à cette pauvre bête.

—Elle part en week-end et elle laisse son lapin comme ça, seul dans la boutique

— En plus, Dimanche et Lundi, on sera fermé.

Je n'en revenais toujours pas. Comment pouvait-elle avoir aussi peu d'empathie pour cet animal qu'elle avait adopté ?

Je ne pouvais pas le laisser là, livré à son triste sort. Alors, ma décision était prise.

— Bon, je l'emmène chez le véto.

Ma sœur qui arrivait à ce moment et me connaissait par cœur, avait remarqué de suite, que j'étais survoltée, en colère.

— Qu'est-ce qui se passe ?

— Regarde !

— Oh ! Le pauvre !

— Je l'emmène chez le véto. Anastasie est pas là, tout le Week-end et elle revient que Mardi ! Elle va le laisser tout seul, comme çà, pendant tout le Week-end !!!

Ma sœur s'était penchée sur la cage.

— Il doit avoir mal…

— Ben, oui ! T'as vu son œil ?!!!

Pendant que ma sœur, accroupie, observait minutieusement la cage et le lapin, j'appelais la clinique vétérinaire. Je tentais d'expliquer le plus clairement et succinctement, la situation. La secrétaire, ayant compris l'urgence, m'avait dit de le ramener de suite. Il passerait en priorité. La clinique était à l'autre bout de la ville, mais nous y serions en à peine dix minutes.

À bout de bras, j'attrapais la cage. Mais, j'avais aussitôt retiré mes mains. Un liquide visqueux m'était resté sur les doigts. J'inspectais, de plus près, les barreaux de la cage. Ils semblaient être recouverts de pus.

J'étais atterrée, accablée, mais en même temps, déterminée. Ce lapin irait chez le vétérinaire et ne resterait pas seul, ici, dans la boutique.

Après m'être lavée les mains, j'attrapais des journaux sur la desserte qui se trouvait à proximité et les plaquais là où je devais saisir la cage. Les bras tendus, le plus loin possible de moi, car je ne voulais pas que mes vêtements soient souillés, je traversais la boutique et prévenais Blandine.

— J'emmène le lapin chez le véto !

— Merci pour lui.

— C'est normal, je peux pas le laisser là ! Bon, j'y vais. Salut !

Ma sœur m'avait aidée à installer la cage dans la voiture. Elle avait pris soin de tapisser les sièges, de journaux que nous avions récupérés à l'intérieur de la boutique.

Au volant, je continuais à pester et à faire part de ma stupéfaction à Sylvia.

— Tu te rends compte ?!!! Elle est partie en week-end et elle laisse son lapin malade, tout seul !!!...

Ma sœur aussi, était sous le choc. Mais, nous étions

différentes.

J'extériorisais par des flots de paroles ininterrompus. Elle, c'était tout le contraire. Mais, son empathie pour le lapin était perceptible. Elle était plus silencieuse qu'à l'ordinaire. Ses traits étaient tendus, son regard fixe.

Nous arrivions à la clinique.

L'attente en salle avait été de courte durée : le vétérinaire nous recevait de suite.

Pendant que je posais la cage sur la table d'auscultation, je lui expliquais la situation, non sans gêne.

— C'est le lapin d'une amie que je ramène. Alors… J'y connais rien, mais je pense qu'il va pas bien du tout.

Lorsque j'avais prononcé le mot "amie", une certaine honte m'avait envahie. L'espace d'un instant, je m'étais dit que je ne pouvais pas avoir ce genre d'amie…

Dr T avait ouvert la cage et pris, délicatement, le lapin pour l'examiner. Très professionnel, il n'avait laissé paraître aucune émotion sur son visage. Mais son diagnostic était sans appel.

— Alors... déjà, c'est un bel abcès, bien chargé. Vous

voyez l'œuf, au dessus, c'est du pus… Il est tout dénutri. On voit sa colonne vertébrale. Vous voyez ?...

Il avait suivi du doigt, l'ossature apparente sous les poils ras.

Pendant que le Dr T auscultait la pauvre bête, je suivais tous ses gestes. Au fur et à mesure des commentaires, je prenais conscience du piteux état dans lequel elle se trouvait.

— Le poil est terne. Il est complètement déshydraté. Il a quel âge ?

— Aucune idée, c'est le lapin d'une amie.

J'avais, de nouveau, honte de dire que c'était une amie, mon amie. Mes amis partageaient mes valeurs, entre autres, la bientraitance envers les animaux. Je n'en avais pas beaucoup mais c'était une chose dont j'étais sûre.

Le vétérinaire avait continué son recueil de données.

— Il fait vieux... Par contre, il est vraiment courageux et coriace, parce qu'il doit vraiment souffrir. Je vais lui administrer de la Morphine. Ce sera plus confortable pour lui.

Le Dr T n'avait pas tardé à revenir une seringue à la main. Il avait injecté son contenu au lapin. Je regardais le petit être, soulagée de voir qu'il était entre de bonnes mains. J'imaginais pour lui des jours plus cléments lorsque le vétérinaire m'avait ramenée au moment présent.

— Vous allez m'aider. Vous allez le tenir pour que je puisse vider l'abcès.

J'avais recherché, soudainement, le soutien de ma sœur et ,alors, réalisé qu'elle était restée à l'écart, pendant tout le temps de l'auscultation. Elle regardait le pauvre lapin avec un mélange de pitié et de dégoût. Mais ses yeux m'encourageaient.

J'avais peur de poser mes mains sur son corps trop maigre et de ressentir au plus profond de moi, la souffrance et les maltraitances endurées.

Malgré tout, j'obéissais. Comme je m'y étais attendue, maintenant que le lapin était entre mes mains, il n'était que vulnérabilité. Il était si frêle. Je sentais ses côtes sous mes doigts, tant et si bien que j'aurais même pu, aisément, les compter.

Les mains gantées, armé d'une batterie de bâtonnets

et de dosettes de sérum physiologique, le Dr T commençait à appuyer sur la bosse. Il drainait le pus blanc, aussi épais que du fromage blanc, vers la paupière du lapin. La quantité retirée pouvait tenir dans un petit pot de yaourt.

Je levais la tête vers ma sœur. Elle avait détourné le regard.

Moi, j'avais l'habitude de voir des choses pas communes lors de mes stages à l'hôpital, alors, j'avais assisté le vétérinaire sans sourciller.

La morphine devait sûrement faire effet car le lapin n'émettait aucun son. À vrai dire, je ne savais pas quel bruit pouvait bien faire un lapin mais il ne bougeait pas d'un poil. Peut-être était-il terrorisé ? Après tout, certains animaux utilisaient cette technique pour tromper l'ennemi...

En attendant, l'abcès avait presque disparu. Le Dr T coupait maintenant les griffes du petit patient. Elles étaient si longues qu'elles formaient une spirale. J'imaginais qu'elles n'avaient pas eu d'autre choix que de pousser ainsi, à plat contre le sol de la cage. J'imaginais aussi la difficulté que le lapin avait dû avoir à se retourner dans sa cage, avec de tels appendices. Il risquait à tout moment de se blesser et vu l'état de la cage, de contracter une infection. Aucune possibilité, également, de faire sa toilette… Mon Dieu ! Quelle vie !

Encore une fois, le vétérinaire m'avait ramenée au moment présent.

— Jusqu'à ce que vous le rendiez à votre amie, vous devez lui faire les soins, tous les jours. C'est-à-dire, continuer à drainer l'abcès.

Ça va aller ?...

Je lui ai fait une injection d'antibiotique, aussi. Si vous avez du mal, vous nous le ramenez, lundi. Ok ?...

Bon, je vous fais pas payer, parce que là, vous lui avez sauvé la mise. Et vous me tenez au courant. Ok ?!!!

Son ton se voulait rassurant.

J'acquiesçais, mais je n'en menais pas large. Je ne m'étais jamais occupée d'un lapin. Et je n'en connaissais pas les réactions.

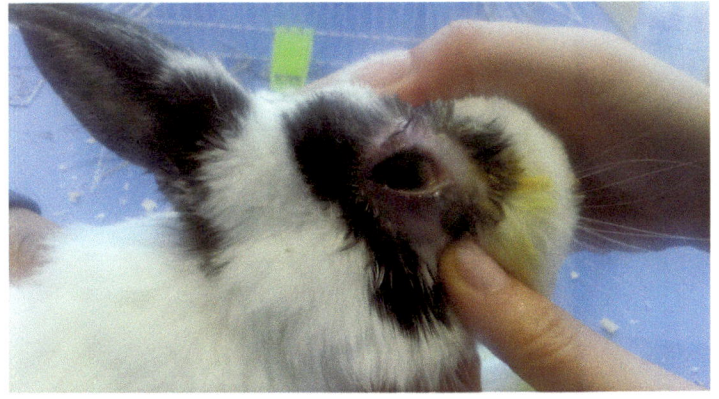

Albator, après quelques semaines de soins.

(Photo : Marie SOUTON/Juin 2017)

XVI

Le lapin somnolent avait été remis dans sa cage et nous étions reparties.

Nous l'avions laissé dans la voiture, le temps d'aller lui chercher de la nourriture et de la litière, au centre commercial du coin.

Alors que nous avions pour habitude de trainailler lorsque nous faisions les courses, nous avions regagné la voiture en un temps record.

Le lapin était toujours endormi et calme.

Nous avions décidé d'aller à l'appartement des parents que mon frère et ma sœur occupaient. Ma fille et mon neveu nous y attendaient.

Arrivés à bon port, ma sœur me laissait prendre en charge le lapin avec Loïs et mon neveu, Matisse, allait préparer le repas du soir avec elle.

Avec ma fille, nous avions décidé de laver la cage et de donner un bain à la fragile boule de poils. J'avais préparé de l'eau tiède dans une petite cuvette en plastique. Loïs y avait délicatement placé le petit lapin. J'étais fière de voir que ses gestes étaient doux et précis. Je pensais furtivement qu'elle ferait une bonne vétérinaire.

J'étais toute à ma rêverie quand Loïs m'avait secoué le bras, pointant du menton le gel douche sans savon que nous avions trouvé.

J'en mettais un peu au creux de ma main et massait doucement le lapin en faisant mousser le gel. Il semblait apprécier la séance qui lui était gracieusement offerte : ses yeux étaient mi-clos et il n'opposait aucune résistance.

À la fin du savonnage, l'eau était marron foncé. Toute propre, la petite boule de poils reniflait, emmitouflée dans la petite serviette de bain que ma sœur nous avait donnée.

La cage avait été passée à l'eau de javel, frottée avec une énergie inégalée. Rutilente comme jamais, elle avait accueilli le lapin fatigué de sa journée.

J'avais jeté avec mépris, le pain rassis et la salade qui lui servait de repas jusqu'à maintenant et lui donnais le mélange de céréales, acheté plus tôt. Il avait mangé avec avidité.

La cage avait été installée sur le buffet, là où tout le monde pouvait voir notre invité. Il ne semblait pas apeuré et nous observait de son œil valide.

Ma sœur avait deux chats, deux femelles : une petite panthère noire aux yeux verts, Shadow, qui avait été recueillie suite à maltraitances et une écaille de tortue, Cheyenne, issue de la portée bienheureuse et désirée de Câline.

L'une comme l'autre étaient intriguées par cet invité inattendu et s'installaient non loin de la cage. Il n'y avait aucune animosité dans leur attitude mais plutôt de la curiosité.

En regardant Shadow, je repensais aux circonstances dans lesquelles ma sœur l'avait adoptée. Elle vivait au premier étage de ma résidence avec une autre chatte de gouttière qui ressemblait à s'y méprendre à Tibouloute. Je les voyais, régulièrement, sur le balcon quand je rentrais du boulot. Les stores étaient toujours baissés avec juste assez d'espace pour que les chats puissent prendre l'air. Je ne voyais que très rarement, les locataires de cet appartement et ils semblaient tout faire pour éviter de rencontrer le voisinage.

Un soir, où je rentrais des cours, j'avais été surprise de trouver Hector, pompier de métier, perché sur leur balcon, en mission de sauvetage. Il tenait dans ses bras, la future "Shadow". Agile comme un chat, il était redescendu du balcon, rejoignant Annalise qui avait déjà récupéré la petite chatte tigrée.

Il m'avait expliqué, la voix remplie de colère, que les chats vivaient dans un taudis, mangeant leurs croquettes dans la caisse même qui leur servaient de litière. Il m'avait montré, pour preuve de bonne foi, les oreilles de Shadow collées vers l'arrière, à la colle forte…

Il avait fallu très peu de temps à ma sœur pour se décider à accueillir cette pauvrette.

Le nom que ma sœur lui avait trouvé lui allait à merveille : peureuse, c'était une vraie ombre. Elle rampait et venait boire et manger quand personne ne la voyait.

Pratiquement une année, si ce n'est plus, s'était écoulée avant que Shadow ne nous accorde sa confiance.

Mais, si ses oreilles ne portaient plus les stigmates

de la maltraitance, son comportement laissait toujours paraître sa méfiance envers l'être humain. Et chaque caresse donnée représentait une victoire pour toute la famille.

Shadow

(Photo : Sylvia SOUTON/2017)

Cheyenne

(Photo : Sylvia SOUTON/2017)

XVII

L'atmosphère était calme et la journée touchait à sa fin lorsque mon frère avait fait son entrée dans le salon. Il avait remarqué, de suite, la cage qui trônait sur le buffet.

— C'est quoi çà ?!!! Il a quoi à son œil ?!!!

Partagé entre le dégoût et la pitié, il regardait la pauvre bête. Je m'étais lancée dans le récit de notre journée, mais il m'interrompait constamment.

— C'est le lapin de qui, déjà ?...

Je lui répondais mais je sentais que son impatience n'augurait rien de bon.

— Ta copine, là, qui tient une épicerie ?...

Avec hésitation, j'avais acquiescé. Mes craintes s'étaient avérées fondées.

Mon frère n'avait pu se contenir : il était dans une fureur folle.

— Mais, c'est une connasse, ta copine !!! Comment tu peux laisser un animal souffrir comme ça ?!!! Tu vois : la souffrance chez les humains, c'est une chose !!! Mais un humain, ça peut être con... Par contre, un animal, c'est innocent, ça a rien demandé !!! Si y'a bien une chose que je supporte pas, c'est qu'on fasse du mal aux animaux !!!

Nous sommes tous restés bouche bée devant son coup de gueule. Il était peu coutumier de ce genre de démonstration. Plutôt patibulaire, du haut de sa stature imposante, et toujours paré de lunettes noires, il entretenait cette apparence qui lui permettait de tenir les gens à distance. Heureusement qu'il n'avait pas vu le lapin avant sa grande toilette...

Par la suite, lorsque je partais en vacances, mon frère prenait plaisir à s'occuper d'Albator qui le lui rendait bien et reconnaissait, sûrement, en lui, un de ses bienfaiteurs.

L'heure du repas arrivée et après toutes ces émotions, nous mangions de bon cœur.

De temps en temps, je voyais mon frère regarder la cage pour voir si le lapin allait bien. Celui-ci continuait de nous observer, en silence. Perché sur le buffet de mes parents, c'était le maître des lieux, à ce moment-là.

À mon humble avis, c'était un statut qu'il n'avait jamais eu, auparavant.

Le soir même, vers vingt-deux heures, le seuil de notre appartement franchi, les chats tournaient autour de la cage plus par curiosité que par agressivité. Habitués à vivre en communauté, ils attendaient avec impatience de découvrir ce nouveau locataire.

Alors que j'entendais le lapin renifler sans arrêt, je ne donnais pas cher de sa peau. Pour moi, son espérance de vie serait limitée. Il ne ferait pas long feu.

Pour la nuit, je plaçais la cage au sol, recouverte d'un tissu léger, à l'intersection de nos chambres. Ce soir là, les chats avaient tous dormi autour de la cage.

Le lendemain, j'envoyais un message à Anastasie.

— *Coucou ! Juste pour information, j'ai emmené ton lapin chez le vétérinaire, parce qu'il était très mal en point : Abcès dentaire qui est remonté jusqu'à l'œil qui, lui, présente un ulcère. Le vétérinaire l'a trouvé dénutri, déshydraté. Je pense que si je n'étais pas intervenue ce week-end, il serait mort. Je l'ai récupéré à la maison. Je pense, sincèrement, que tu n'as pas le temps de t'en occuper et qu'il serait préférable que je le garde. J'en prends la responsabilité et ce n'est pas discutable. C'est plus sage pour tes garçons, aussi. Je te fais confiance, tu trouveras une bonne excuse pour eux. Tu me donneras le carnet de santé pour que je puisse l'adopter. Bisous.*

Avec le recul, je m'étais dit que j'y étais allée un peu fort. Je ne lui laissais pas vraiment le choix. J'avais parlé sous le coup de l'émotion, de manière plus que transparente.

J'étais en colère. En colère, contre elle. En colère, contre moi. Parce que je ne la connaissais pas sous ce jour.

Mais j'avais été franche, directe et je n'avais fait preuve d'aucune ambiguïté.

J'avais annoncé la couleur, déterminée à maintenir Albator, dans un environnement bienveillant.

Elle m'avait, aussitôt, répondu.

— Bonsoir, Marie. Ce lapin m'a été donné, il y a un an et demi car la personne voulait s'en débarrasser. C'est le lapin des garçons et nous nous en occupons depuis que nous l'avons. Il s'avère que, depuis quelques mois c'est difficile et j'ai eu pas mal de problèmes.

J'allais emmener Pompon, mardi, chez le vétérinaire. Évidemment, je te rembourserai les frais de vétérinaire. Il aurait été bien que tu m'avertisses, également, de tes démarches même si je t'en remercie. Donc, non, je tiens à récupérer Pompon et ce n'est pas une demande. Je rentre demain. Je viendrai le récupérer puisqu'il n'est plus à la boutique, sans mon accord.

Bisous.

XVIII

Le ton était donné et sincèrement, vue la tournure que prenait cette histoire, les bisous n'étaient plus de rigueur.

Je rétorquais.

— Par "sans accord", tu veux dire que j'aurais dû laisser la pauvre bête à la boutique, après l'avoir emmenée au véto ?!!! Par cette chaleur ?!!! Avec juste une salade à manger ?!!!

Selon le vétérinaire, c'est une infection qui dure depuis longtemps. Certes, tu manquais de temps, mais je pense que tu ne l'admets pas. Tu peux venir récupérer le lapin. Mais, j'espère, sincèrement, que tu as le cœur accroché parce que les soins sont laborieux : j'ai nettoyé son œil au bâtonnet et enlevé le pus. Faut admettre ses limites et ne pas mettre en danger la vie de ses compagnons. Vu que tu vas bien t'en occuper maintenant, je t'informe qu'il a de la crème ophtalmique à mettre et qu'il faut l'emmener consulter le plus tôt possible pour un curetage sous anesthésie générale. Je ne pensais pas que t'allais le prendre comme çà et ça me déçoit parce que ça veut dire que tu ne sais pas accepter l'aide qu'on peut te proposer. La fierté aura ta peau.

Bon... là, j'y étais allée très, très fort. La vulnérabilité de ce petit lapin m'avait plus que touchée et je ne parvenais pas à comprendre le comportement de mon "amie". Je lui en voulais. L'animal était dans un état lamentable.

Ce qui me mettait le plus en rogne, c'était qu'elle avait, quelques temps auparavant, entrepris d'adopter un petit chien, victime de maltraitances.

Les hostilités étaient donc lancées et la guerre allait être, inévitablement, sans pitié.

— *Ce n'est pas une question de fierté. Tu m'envoies un message pour me dire que tu gardes mon lapin, en me laissant sous entendre que je m'occupe mal de mes animaux... Ce week-end à Marseille est une vraie soupape. Et j'en avais besoin. En ce qui concerne l'alimentation des lapins, ils mangent des carottes, de la salade et du pain dur ?(Cf. " Pour le bien-être de votre lapin" en annexe). C'est en général, l'alimentation que je lui donnais. Je vais mettre tout çà sur le compte de la fatigue pour ne pas qu'on se fâche car j'avoue ne pas comprendre tous ces mots.*

J'avais décidé de ne pas lâcher le morceau. De toute façon, c'était impossible de faire machine arrière. Nous étions déjà allées trop loin. Et je ne supportais pas de savoir qu'elle avait pu traiter cette pauvre bête, ainsi.

— *Ce n'est aucunement de la fatigue, mais de la compassion pour un animal malade et totalement dépendant. Et sincèrement, ça me fâche quoique tu puisses dire.*

J'étais en troisième année d'études infirmières et toute cette histoire faisait écho en moi : empathie, vulnérabilité, dépendance.

L'échange était musclé. Mais, je me rendais bien compte que je ne pourrais plus avoir les mêmes rapports avec elle, qu'auparavant.

Je savais que j'étais dure mais j'étais impitoyable lorsqu'il s'agissait de maltraitance envers les animaux. Peut-être était-elle involontaire ? Parce qu'effectivement, on pouvait être maltraitant sans le vouloir.

Comme exemple de maltraitance involontaire, lorsque nous avions eu le cours qui s'y rapportait en amphithéâtre, j'avais retenu le fait de ne pas mettre la sonnette à portée du patient dépendant.

Mais là, la négligence était grande.

Pour moi, Anastasie était impardonnable. Adopter un animal, c'était pour moi, l'obligation de se renseigner sur les soins à lui apporter et non, juste un divertissement.

— *Comme tu veux… Je t'enverrai un SMS à notre arrivée sur Paris pour venir le récupérer. Prépare moi la facture du vétérinaire afin que je puisse te rembourser. Bonne soirée.*

— *Pas la peine de me rembourser, je l'ai fait de bon cœur.*

— *Les bons comptes font les bons amis.*

— *C'est hors contexte.*

— *?... Bonne soirée.*

XIX

Je savais déjà en mon for intérieur que je ne lui rendrais pas le lapin. L'état dans lequel nous l'avions trouvé, à la boutique, me faisait comprendre que c'était un jouet pour ses enfants. Un animal de compagnie est, effectivement, bénéfique au développement des enfants néanmoins, ils doivent leur prodiguer des soins sous la responsabilité d'un adulte.

Pour ce soir, nous en avions terminé. Je pense qu'elle avait bien compris que notre relation était plus que compromise.

J'avais présenté le lapin à Annalise qui n'arrêtait pas de me dire qu'il fallait que je le garde. Elle était outrée de voir à quel point le lapin était petit et chétif car elle avait un lapin, plus précisément, une lapine qui était bien plus grande, ronde et potelée en comparaison.

Le lundi, en cours, les photos du lapin avaient circulé. Les filles, même celles qui n'avaient pas d'animal de compagnie, l'avaient plaint et beaucoup avaient détourné le regard devant son œil meurtri bien que la photo ait été prise après les soins.

Isabelle et Jenny, qui affectionnaient les lapins, m'avaient suppliée de le garder.

Ma conscience me torturait malgré tout et une question me taraudait. Était-ce considéré comme du vol, lorsque c'était pour la bonne cause ?

J'essayais de me convaincre que ce n'en était pas un, en me disant que jamais Anastasie ne lui aurait donné les soins nécessaires à son bien-être. Et puis, je ne supportais pas l'idée que ce lapin puisse, encore, souffrir.

Je n'avais aucune idée de l'issue que cette histoire allait avoir. Mais j'essayais d'imaginer diverses possibilités de sauvetage.

Dans la journée, j'avais envoyé un SMS à Anastasie.

— *Je ne serai pas là, cet après-midi. Je te ramènerai ton lapin à domicile dans la soirée.*

— *Très bien. Nous t'attendrons dans la soirée. À tout à l'heure.*

Je lui avais, également, fait parvenir une liste des aliments conseillés et déconseillés pour les lapins. Et j'avais ajouté un commentaire.

— *Je t'envoie la liste des aliments à donner et à proscrire (Cf. "Pour le bien-être de votre lapin", en annexe). Regarde bien. Donc, je sais pas de qui tu tiens tes conseils mais ils ne sont pas fiables.*

Plus tard, je lui envoyais une photo du lapin avant de faire son soin. Son œil était évidemment plein de pus car l'abcès avait besoin d'être drainé.

— *Je suis désolée mais je ne peux pas te le ramener. Il est trop mal en point et il nécessite trop de soins.*

— *Nous viendrons, Lillian et moi, demain soir pour l'emmener chez notre vétérinaire habituel et le ramener chez nous, ensuite.*

Sentant qu'elle essayait de jouer sur la corde sensible en nommant son fils, je mettais les bouchées doubles. Car je refusais de me laisser attendrir.

— *Je n'ai aucune certitude sur son devenir. Tu n'as jamais cru bon de lui couper les griffes, il n'est pas sûr de récupérer son œil et on sent trop bien ses côtes et sa colonne vertébrale. Donc, autant je te fais confiance sur d'autres choses, autant concernant ce lapin, j'ai des doutes.*

Ce soir là, elle n'avait pas surenchéri.

Mais les faits cités étaient accablants. Son silence me laissait un peu de répit. Je me disais qu'elle finirait bien par abandonner. Et je l'espérais fortement, en mon fort intérieur.

En attendant, le lapin allait de mieux en mieux et je le laissais gambader en toute liberté. En journée, il avait un carton dans lequel il dormait. Le soir, il regagnait sa cage, plus pour le protéger car je ne pouvais pas le surveiller.

Il semblait bien satisfait de ce répit. À le regarder dormir du sommeil du juste, allongé de tout son long dans son carton, l'idée qu'il retournerait peut-être à sa vie d'avant, me fendait le cœur.

J'avais pris pour habitude d'aspirer régulièrement, les multiples petites crottes qui jonchaient le sol du salon et du balcon et ça ne me dérangeait pas.

Le lendemain matin, en cours, Anastasie s'était manifesté.

— *Nous passerons le chercher aux environs de dix-huit heures. Je te rappelle néanmoins, que tu ne parles pas à ta fille, ni à une gamine de quinze ans...*

Maintenant, je jouais la provocation car je détestais sa manière de parler du lapin comme d'une chose.

— *Ben, pourtant, ça y ressemble, énormément. Parlons peu mais parlons bien. J'attends de toi que tu me prouves ta bonne foi, quant à ce lapin. J'entends, par là, que tu dises quelle alimentation doit avoir un lapin, quels soins tu dois lui apporter et que tu admettes, quand même, que son infection ne date pas d'hier. Pour information, un enfant s'occupe de son animal, sous la responsabilité d'un parent. Pas la peine de te déplacer, ce soir. Je continue les soins.*

Je savais pertinemment qu'elle ne pourrait pas monter à la maison aussi facilement. Je devais descendre pour lui ouvrir car il n'y avait pas de code, à l'interphone.

Néanmoins, elle pouvait attendre qu'un voisin daigne lui ouvrir la porte.

Elle continuait, malgré tout, à se battre.

— *Je t'ai fait rentrer chez moi, comme une amie. Je t'ai écoutée et étais présente quand tu en avais besoin, en l'occurrence pour ta fille. Pour moi, l'amitié est synonyme de loyauté et nullement de jugement. Soyons claires, tu es rentrée dans la boutique, dans le réfectoire réservé au personnel et à moi, un lieu qui est privé, donc, à moi, sans ma présence et tu t'es permise de prendre le lapin sans mon accord, ni celui de mes salariés. Est-ce que moi, je rentre chez toi, sans ton accord ? Est-ce que je me permets de prendre des décisions concernant ta vie sans t'en informer ? Là, tu as dépassé les bornes de très loin !!! Jamais, au grand jamais, je ne me serais permise ta conduite et ton manque de correction à mon égard... Nous serons en bas de chez toi pour récupérer notre lapin, notre bien en l'occurrence, à dix huit heures, avec les garçons. Et nous en resterons là.*

C'est vrai qu'elle avait régulièrement gardé Loïs, mais jamais je ne lui avais demandé de le faire. En plus, j'étais persuadée que Loïs était enchantée de passer du temps avec elle. Mais, elle m'avait récemment confiée qu'Anastasie était un peu trop autoritaire avec elle, qu'elle n'appréciait guère ces après-midis passés à la boutique.

Elle avait voulu clore la conversation, mais je refusais d'en rester là.

— Pour information, tes salariés m'ont donné la permission d'emmener le lapin. Ils souhaitaient en faire de même mais étaient trop occupés.

Puisque tu le prends comme çà, je tiens à t'informer que le mot "maltraitance" a été évoqué chez le vétérinaire. C'est donc passible d'amende. Je comprends bien que tu veuilles récupérer ton lapin mais je constate que lorsque j'essaie de savoir si tu vas bien t'occuper de lui, tu évites le sujet et revendiques que c'est ton bien. Nous parlons d'un être vivant. Pour ta gouverne, si mes chats arrivaient à ce point-là, j'ose espérer que tu ne t'abstiendrais pas de les sauver, par amitié. Je réitère, donc, pas la peine de venir à dix huit heures.

XX

La matinée s'écoulait tranquillement, à l'institut de formation. Les filles continuaient de suivre les aventures du lapin. Et à la pause, c'était un sujet de conversation inépuisable.

— *Tu vas pas lui redonner, quand même. Elle va pas s'en occuper comme il faut. Elle veut juste le dernier mot.*

Le lapin commençait vraiment à avoir son fan club.

Il fallait dire que c'était un modèle de vulnérabilité et de dépendance qui faisait écho en nous, futures professionnelles de santé.

Tous les jours, prises avec mon portable, je montrais des photos de lui, dans diverses postures.

C'était souvent, au moment des pauses, qu'un petit attroupement se formait pour visionner les clichés.

C'était une bulle d'oxygène pour nous, car les partiels approchaient et le stress grandissait, jour après jour.

Je n'avais pas eu de message d'Anastasie dans l'après-midi mais je guettais le vibrato de mon portable car je me doutais qu'elle préparait quelque chose. Je la connaissais.

À dix huit heures, elle était revenue à la charge.

— Je viens de parler vingt minutes avec l'assistante vétérinaire pour prendre des conseils qui m'ont déculpabilisée car elle me disait que ce n'était pas évident de récupérer un lapin. J'ai, effectivement, donner l'alimentation que cette personne m'avait conseillée. Elle m'a également signalée que peu de personnes savaient que les dents de lapin poussaient toute leur vie et pouvaient provoquer des abcès. Comme me l'a précisé l'assistante vétérinaire, je ne pourrai pas récupérer Pompon car je n'ai aucun carnet de santé comme beaucoup de propriétaires et d'adoptants de lapins, pour prouver qu'il est à nous. Mais, en me menaçant de maltraitance animale, sache que j'aurai bon nombre de témoignages de vétérinaires et d'associations en ma faveur. Par contre, je peux prouver, puisque tu veux qu'on en arrive là qu'il y a eu infraction et vol dans mon entreprise. Foutre en l'air,

plus de dix ans d'amitié pour une histoire de lapin, Bravo !!!

Elle sentait qu'elle ne pourrait peut-être pas récupérer son lapin. Et cela m'apaisait quelque part. Cela voulait dire que le calvaire du lapin était terminé.

Sincèrement, c'était une excellente maîtresse de chiens, mais les lapins, c'était pas son truc. Vraiment pas.

Je décidais d'être humble.

— Fais comme tu veux, j'agis en mon âme et conscience. Je ne ferais rien contre toi. Mais, juste comme çà, sauver un lapin, donc, un être vivant, ça vaut bien dix ans d'amitié pour moi.

Elle n'avait rien répondu.

En même temps, je n'avais pas compris cette réplique. Son lapin ne comptait vraiment pas pour elle?... "*Pour une histoire de lapin*"…

Elle continuait de me choquer par moment. Elle se voulait incisive mais ses propos se retournaient contre elle.

Deux jours plus tard, elle m'avait renvoyé un message. Elle changeait de stratégie.

— *Écoute : sois raisonnable, je ne sais pas quels griefs antérieurs tu as contre moi, mais pense à mes garçons. Ils sont si tristes. De plus, à titre indicatif, j'ai rappelé notre vétérinaire qui est consterné. En aucun cas, le fait d'avoir un abcès pour un lapin signifie qu'il y a mauvais traitement.*

En évoquant ses enfants, elle avait fait mouche. Elle me faisait culpabiliser. Je ne savais plus où j'en étais.

Ma conscience me torturait de nouveau et j'avais répondu dans cet état d'esprit.

— *Je remets ton lapin sur pattes et je te le ramène requinqué. Avec toutes les consignes. J'espère que tu en prendras soin. Tu n'as aucunement besoin d'invoquer tout ceci pour me faire entendre raison. Et je n'ai pas besoin de soutien pour faire ce que je fais. Ton vétérinaire aurait vu l'état de ton lapin, il aurait peut-être pas pensé ainsi, mais quand on a une seule version, c'est facile. Tu ne m'empêcheras pas de penser que tu as laissé ce pauvre lapin de côté, pendant un bout de temps. Je te le ramènerai à la boutique, un jour où tu ne seras pas là. Je soigne, matin et soir, son œil, j'ai fait couper ses griffes, je te donnerai toute l'alimentation que je lui ai acheté et normalement, il aura une cage plus grande. Je l'emmène demain au véto, pour soigner ses dents. Je te tiens au courant.*

— *Je préviens Lilian et Milan, dès à présent. Merci.*

J'avais effectivement rendez-vous avec le Dr T, le lendemain. Ce soir-là, j'avais très mal dormi : je m'imaginais laissant ce petit lapin retourner à sa triste condition et c'était un supplice pour moi.

Le pire, c'était que ma fille me suppliait de le garder.

XXI

Albator, requinqué...
(Photo : Marie SOUTON/Juillet 2017)

En voyant le lapin arriver, le vétérinaire avait été surpris de l'amélioration de son état. Son œil allait beaucoup mieux, sa colonne n'était plus apparente. Il allait bien. Pour preuve, il avait tenté de se sauver lorsque je l'avais installé sur la table.

Le Dr m'avait confié qu'Anastasie avait appelé et

demandé s'ils avaient accueilli un lapin. Le vétérinaire avait nié les faits.

Je lui avouais que je ne savais pas quoi faire et que ma conscience me travaillait. Il m'avait assurée que le lapin serait, incontestablement, beaucoup mieux avec moi. Mais que j'étais libre de mon choix. Il m'avait rappelée qu'il était arrivé dans un état catastrophique et qu'aujourd'hui, au bout d'à peine une semaine, il était méconnaissable.

Le vétérinaire m'avait convaincue.

Le lendemain, Anastasie était venue aux nouvelles.

— *Bonsoir, comment va le lapin ?*

— *Ben, c'est mieux, mais pas encore çà. Le vétérinaire lui a refait une piqûre d'antibiotique. Il était content de voir qu'avec Loïs, on l'avait bien soigné et que son ulcère à l'œil avait bien baissé. Il fait toujours un kilo, mais selon le vétérinaire, il est plus rond. Il m'a dit de continuer de lui donner des céréales, matin et soir. Mais qu'il fallait vraiment qu'il mange du foin pour ses dents. Comme il a pas l'habitude d'en manger, et qu'il n'en voulait pas jusqu'à maintenant, je lui ai coupé aux ciseaux dans ses céréales et là, ça a marché.*

On doit encore prendre soin de ses yeux en mettant du sérum physiologique et du gel parce qu'il y a encore du pus. Il m'a donné rendez vous mardi pour la visite de contrôle.

— *Merci, j'informe les enfants.*

Pendant cinq jours, silence radio. J'avais donc eu tout le temps de réfléchir. Et j'avais pris ma décision : Quoiqu'il puisse arriver dorénavant, le lapin resterait avec nous.

Le voir sautiller tel un cabri et savoir qu'il allait retourner à une vie en cage, c'était au dessus de mes forces. Alors, quand Anastasie m'avait recontactée, j'avais amorcé les choses.

— *L'ulcère de votre lapin a repris de l'ampleur, son état de santé décline doucement. Il dort énormément, respire mal et bouge peu, même si on le stimule hors de la cage. On est obligé de nettoyer son carton régulièrement car sinon, il dort dans ses besoins. Du coup, même les chats semblent ressentir son mal être et le laissent tranquille...le vétérinaire m'a donné rendez-vous ce soir. Quel âge a-t-il ? Le vétérinaire me dit qu'il a l'air vieux. Il est peut-être en fin de vie.*

— Lorsque nous l'avons récupéré, l'ancienne propriétaire lui donnait cinq-sept ans. Et nous l'avons depuis deux ans. Nous l'avons pris parce qu'il vivait, été comme hiver, au fond du jardin, en étant changé toutes les trois semaines… Depuis quinze jours, je lui nettoyais l'œil au sérum physiologique mais en l'espace de quarante huit heures, son œil avait mal évolué d'où le rendez vous chez le véto. Par contre, il mangeait tous les jours sans perte d'appétit et buvait normalement puisqu'on lui changeait l'eau tous les jours.

— La moyenne de vie d'un lapin est de huit ans, il aurait déjà bien vécu le petit père, alors…

— Oui c'est sûr. Mais si on pouvait le maintenir encore un peu… sans souffrance évidemment…

— C'est Dieu qui décidera , il est déjà sous anti-douleur.

— J'attendrai des nouvelles ce soir puisque tu retournes chez le véto aujourd'hui. J'attends néanmoins, un peu avant d'en parler à Lillian.

— Je te tiens au courant.

— Oui, STP. Merci.

Le jour même, pour souhaiter la bienvenue au lapin, j'avais acheté un clapier-duplex.

Même les chats en étaient jaloux.

Lui était aux anges. Il descendait et montait sans arrêt la rampe.

Chez le vétérinaire, Loïs et moi le rebaptisions : Albator.

C'était une évidence : malgré la disparition de l'abcès, l'ulcère était là et il ne voyait que d'un œil.

Il avait pris du poids : il pesait, maintenant, un kilo cinq cent. Il avait, maintenant, un poids de lapin "normal".

Dr T avait inscrit toutes ces données, dans son carnet de santé. Albator faisait définitivement partie de notre famille.

Le clapier-duplex

(Photo : Marie SOUTON/Juin 2017)

XXII

Dimanche 29 septembre 2019 , 10h20.

Aujourd'hui, temps pluvieux. Gris. Maussade.

Cela faisait une semaine et deux jours qu'Albator était parti. La vie continuait.

Entre temps, c'était jeudi, j'avais emmené le Petit chez le vétérinaire.

Il avait une gastrite. Plusieurs vomissements rosés et mousseux, puis jaunâtres (de la bile…), une perte d'appétit assez prononcée et un état plus que léthargique m'avaient amenée à le faire ausculter.

J'avais eu des soupçons sur une éventuelle boule de poils qu'il avait du mal à expulser, ou peut-être un morceau de plastique qu'il aurait ingurgité, vu son penchant pour ce mets non comestible…

Pour soigner la gastrite : une injection d'anti-nauséeux (anti-émétique en jargon professionnel) chez le vétérinaire, un protecteur gastrique en comprimé à lui administrer à la maison pendant trois jours et surveillance de son état. Son traitement avait commencé vendredi.

Pendant la visite, nous avions évoqué Albator, sa fougue. J'avais confié au Dr T que je souhaitais adopter un lapin nain, si par hasard, on venait à lui en ramener un, même un vieux. J'ajoutais que ce n'était pas pour remplacer notre "corsaire" car j'étais bien consciente qu'il était unique en son genre, mais nous avions tout le matériel nécessaire, alors…autant faire un heureux.

Le vendredi soir, il flottait une atmosphère morose à la maison. Nous regardions la même série que la semaine dernière et je ne pouvais m'empêcher de penser, vers vingt deux heures, que c'était dans ces minutes-là que nous l'avions perdu.

Deux jours avant, j'avais pu, lorsque j'avais revu ma sœur, lui raconter le récit de la perte d'Albator.

Je m'étais étonnée de pouvoir évoquer l'épisode de notre passage aux urgences, avec humour. Surtout la scène où ma fille avait pris les décisions à ma place. Je lui avais d'ailleurs conseillée de faire appel à elle, en cas de coup dur et pas à moi… surtout pas !

Elle avait souri. Elle connaissait l'aplomb de ma fille

dans les situations les plus critiques. J'avais continué à lui rapporter les anecdotes de cette soirée douloureuse.

C'était comme si nous lui avions rendu hommage. Sylvia avait essuyé discrètement ses larmes. Pour elle, il fallait reprendre un lapin. Mais je lui avais dit qu'il était encore trop tôt. C'était aussi la raison pour laquelle je m'étais refusée à aller dans les salons d'adoption d'animaux de compagnie qui se tenaient au mois d'octobre. Le souvenir d'Albator était bien trop présent.

La veille au matin, je m'étais, enfin, décidée à nettoyer la cage. Les chats étaient tous autour de moi.

Était-ce un dernier hommage ?

La Grande s'était allongée une dernière fois, dans le petit logis avant qu'il soit aspergé de détergent senteur muguet. J'avais récupéré le maximum de ses déjections pour pouvoir les déposer dans le terreau de l'arbuste du Japon qui lui serait dédié sur le balcon. J'avais, aussi, jeté la litière jaune poussin, propre : Albator dormait sur elle et préférait uriner sous le bac où il dormait. J'avais décroché son bâton de fruits secs qu'il avait à peine touché, les gamelles de céréales et d'eau, me rappelant alors, qu'il refusait de boire au biberon en verre que je lui avais acheté.

J'avais également enlevé les morceaux de carton découpés qui servaient d'isolants.

Voilà. Je m'étais dit qu'il avait quitté nos vies, aussi rapidement qu'il y était entré. C'était le destin. Un peu de bonheur bien mérité avant de partir. Il avait vécu deux ans parmi nous et laisserait une trace indélébile.

J'avais démonté les éléments de la cage et les avais placé un à un dans l'entrée. Ma fille les avait descendus à la cave, en rentrant du lycée.

Une fois que j'avais comblé le vide laissé par la cage, par la banquette des chats, le salon était apparu comme trop grand. J'avais réagencé la pièce. Elle était vraiment grande.

Par moment, le silence m'avait interpellée. Il était tout aussi lourd que mon cœur.

En Fait, Albator était le plus petit de la tribu mais le plus bruyant bien qu'il n'émettait aucun son, et aussi, le plus caractériel : je m'étais, alors, souvenu de lui, envoyant valser sa gamelle lorsqu'il n'y restait que des céréales qui ne lui plaisaient pas.

C'était aussi devenu le doyen de toute la tribu et il

avait tout le respect de la Grande qui, régulièrement, s'allongeait non loin de lui, comme pour le lui signifier.

Son absence était flagrante. Il avait réussi à se faire sa place. Il s'était battu avec les chats et y avait laissé son autre œil. Même s'il lui permettait de voir encore, il avait été progressivement gagné par une cataracte.

Par la suite, il avait trôné en grand seigneur, au milieu des chats qui l'acceptaient et le laissaient même manger dans leurs gamelles.

XXIII

Lundi 30 Septembre 2019, 13h02

J'étais réveillée depuis huit heures du matin. Cette nuit, je m'étais couchée à trois heures. À deux heures, je m'étais mise en tête de nettoyer toutes les maisons de litière des chats. J'avais quand même commencé à m'endormir devant la télé depuis vingt-trois trente, mais inconsciemment, je pensais sûrement à ma reprise dans mon nouveau service, le surlendemain.

Je m'étais promise de rester zen et de prendre de la distance.

En langage professionnel, gestion du stress et distance professionnelle.

Durant les trois ans, c'était ce même leitmotiv dans mes appréciations à chaque stage. Je prenais trop à cœur ce que j'entreprenais. Et quelque part, j'en avais subi les conséquences sur mon premier vrai poste. J'avais frisé le burn-out et m'étais arrêtée à temps pour réaliser que la fonction d'infirmière, c'était "loin d'être le monde des bisounours !".

Je devais m'endurcir. Peut-être que la mort d'Albator m'avait, aussi, donné la force de vider entièrement mon sac.

J'avais nourri des rêves idéalistes pendant mes études, m'abreuvant de tous les concepts possibles, tels que l'empathie ou encore la congruence. Et mon premier poste à l'hôpital m'avait fichue une claque phénoménale faisant voler en éclats tous mes idéaux : j'étais loin de la collaboration, de la bienveillance entre soignants que le corps enseignant m'avait tant vantées.

J'étais tombée sur une équipe qui ne se rendait pas compte qu'elle était maltraitante aussi bien envers les patients que les soignants.

J'étais arrivée dans leur vie professionnelle confortable et j'avais tout chamboulé, m'en prenant plein la face, mais les mettant devant le fait accompli et les poussant à réajuster leurs actions.

J'en étais sortie épuisée mais j'avais ébranlé les esprits de certains, leur redonnant ainsi vie et leur rappelant ce pour quoi ils avaient signé. J'avais compris les méandres et les mécanismes du harcèlement :

s'acharner sur une personne pour éviter que les dysfonctionnements humains ou logistiques soient mis au grand jour.

Tout ceci m'avait fait repenser à Albator. Ma bataille.

J'avais menti sur sa mort et organisé ses funérailles pour lui donner une meilleure vie, une seconde vie.

Anastasie, étant revenue à l'assaut, alors que je les avais laissés sans nouvelles depuis plusieurs jours, je préparais le terrain.

— *Le lapin est toujours vivant, mais ça sent la fin de vie (fait confirmé par le vétérinaire). Je crains, d'ailleurs, pour ce week-end. Je continue les soins…*

Je n'avais pas eu de messages pendant quatre jours. Au lendemain de ce silence, je pouvais lire:

— *Nous pensons toujours au lapin…comment va-t-il avec ses grosses chaleurs ?*

Le moment était venu de rompre les ponts et je décidais d'annoncer la mort de feu "Pompon".

— *Désolée, je suis en plein partiels et je n'ai pas eu le temps de t'informer. Votre lapin s'en est allé la nuit dernière. J'ai demandé à mon voisin de s'occuper de sa mise en terre, à la base de loisirs. Avec cette chaleur, ça devient délicat.*

Je n'ai pas encore jeté sa cage, si tu souhaites la récupérer…

J'étais, effectivement, en plein partiels et j'avais mis toute cette histoire de côté pour pouvoir être en possession de tous mes moyens mais je trouvais qu'une mise en terre était une très bonne idée.

Cela donnait une note champêtre et écologique aux funérailles de "Pompon".

J'imaginais qu'elle ne me voyait pas investir dans une nouvelle cage alors que son lapin était mourant et rendre la cage ajoutait de la crédibilité à mon récit.

Je n'ai jamais su si la mort de "Pompon" l'avait arrangé ou pas, dans la mesure où il apparaissait comme un animal affaibli et fragilisé qui aurait nécessité de l'attention et des soins.

Mais après tout, peu m'importait. Dorénavant, cette tâche m'était dédiée.

Anastasie avait répondu.

— *Je vais en informer les garçons, demain matin…*

en ce qui concerne la cage, je vais la récupérer, je l'apporterai à la SPA de Montgeron.

— *Je la déposerai à la boutique, mardi.*

Notre histoire s'était terminée là. Je n'avais plus eu de nouvelles d'Anastasie, ce qui était plus que légitime, finalement.

J'avais écrit ce dernier sms alors que j'entendais Albator disposer énergiquement de ses appartements sur le balcon.

J'avais choisi le mardi pour lui rendre sa cage car elle laissait ce jour-là, la boutique à ses salariés pour se consacrer à ses garçons.

Je ne comprenais même pas qu'elle puisse trouver normal de donner une cage en si piteux état à une association. Mais bon, si ça pouvait soulager sa conscience…

Albator avait passé des jours heureux, parmi nous.

Nous lui donnions, parfois, des bains qu'il appréciait : une petite bassine d'eau tiède, un peu de gel douche anti-puce, quelques gratouillis et le tour était joué: il était au SPA détente. Nous faisions juste attention à ses oreilles à ne pas mettre au contact de l'eau.

C'était plutôt comique de le voir allongé dans la petite cuvette, tel un païen de la Rome antique. Le bain fini, emmailloté dans une serviette de bain, je le mettais devant la baie vitrée du salon, au soleil. Il s'endormait aussitôt.

Au bout d'une heure, d'un bond, il sortait de la serviette et regagnait sa cage où il lissait son poil jusqu'au moment du repas des chats.

Je prenais soin de varier son alimentation : céréales, aneth, persil, coriandre, fanes de carottes. Beaucoup de persil et de fanes de carottes. Non seulement, il en raffolait mais c'était très bon pour ses dents.

Il lui arrivait de venir quémander un morceau de brioche toastée ou de pâte à pizza. Je le voyais alors, s'emparer du trésor et aller au fond de sa cage pour le déguster. Ce qui me faisait penser qu'il avait pour habitude de manger les restes avec ses anciens maîtres.

Cinq minutes après, repu, il était allongé de tout son long et dormait.

Albator souffrait de rhumes chroniques qui ne

l'empêchaient en rien de gambader et de profiter de la vie. De temps en temps, il avait droit à un traitement antibiotique pour que la maladie ne s'aggrave pas car même si Albator était une force de la nature, il restait fragile, comme tout lapin.

Il passait la journée dans sa cage et vers vingt heures, lorsque je rentrais, je le sortais.

Sous surveillance, il gambadait sur le balcon et dans l'appartement. Au son de ma voix, il savait s'il avait droit ou pas d'aller dans une direction qu'il s'était auparavant, fixé et faisait, alors, marche arrière si nécessaire.

Je n'aurais jamais pensé qu'un lapin puisse être doté d'une telle intelligence. Albator m'avait beaucoup appris sur ses semblables et je doutais fort de retrouver un lapin comme lui.

Je pensais qu'il avait tellement affronté la peur, la douleur, les intempéries, l'isolement qu'il avait, arrivé chez nous, profité vraiment de sa vie, à cent à l'heure.

Mais, tout n'était pas rose.

Au tout début, en bon lapin non castré, il avait uriné aussi bien dans les petits coins qu'au milieu de la pièce à vivre.

Fort heureusement, il ne rongeait ni les fils électriques, ni les meubles.

Et il avait fini par faire ses besoins, uniquement dans les petits coins. Ceux-ci gardaient les vestiges acides, jaunâtres de ses passages, malgré le temps et les multiples nettoyages. Ils étaient devenus la preuve de son existence parmi nous.

Je ne passais pas une heure sans retrouver une trace de son passage sur terre et dans nos vies.

Il était beaucoup plus affectueux que les chats, selon moi. Et ses marques d'affection me manquaient. Sa petite tête posée sur mon chausson, pendant que je regardais la télé ou rangeais mes papiers, était un vrai réconfort, les soirs où je ruminais.

Ces derniers temps, mes chats ne me quittaient plus.

Avaient-ils ressenti l'absence d'Albator, autant que moi ? Je ne saurais dire. Néanmoins, je les avais souvent vus aller se prélasser là où il dormait lorsqu'il était en liberté.

En observant tout ce petit monde, je m'étais dit que nous étions, bien médiocres, nous, Humains. Nous étions parfois incapables de bienveillance entre nous alors que nous étions soit disant forts d'intelligence et de raison. Et c'étaient les animaux qui nous montraient qu'il n'était pas impossible de vivre ensemble entre espèces et instincts différents.

Mais, peut-être qu'il était là, le monde des bisounours ?... Ou alors, dans ma tête ?…

Tout cela étant, je n'avais pas rencontré Albator, par hasard. Il devait être sauvé. Sûrement, pour que je puisse écrire ces quelques mots pour témoigner de la sensibilité et de la vulnérabilité des lapins qui n'émettent aucun son, malgré la douleur et leur malheureux sort.

En tout cas, si vous êtes arrivés jusqu'ici, vous êtes avertis.

Albator, avec du persil entre les dents !

(Photo : Marie SOUTON/ Juillet 2017)

XXIV

Samedi 26 Octobre 2019

J'avais pris mes fonctions au sein d'un grand hôpital parisien, depuis presqu'un mois et pour une fois, j'étais d'après-midi.

J'ouvrais l'application pour le suivi infirmier, comme à l'accoutumée. Après trois semaines d'intégration, j'étais lâchée dans la fosse aux lions.

J'entrais mon identifiant, puis mon mot de passe: Albator.

Ça me donnait du baume au cœur de taper son nom. Et j'en avais besoin.

Chaque veille de prise de poste, chaque trajet pour me rendre à l'hôpital était une torture. La peur me taraudait. J'avais peur de ce qui m'attendait.

J'étais en gériatrie aiguë et le rythme y était soutenu. Très soutenu.

Ce n'était pas tellement les soins qui me terrorisaient mais la pression qu'exerçaient les médecins sur nous. Il y avait un turn-over de folie et les patients pouvaient décompenser à tout moment.

Il fallait être opérationnel.

Alors entre les patients confus qui se déperfusaient, refusaient de prendre leur traitement et ceux qui désaturaient, faisaient de l'hypotension orthostatique avec perte de conscience, j'appréhendais depuis que j'étais seule.

Les matinées passaient à un rythme d'enfer.

Six heures quarante cinq : transmission et relève de l'équipe de nuit.

De sept à neuf heures : sur une salle de dix patients, prises de tension avec report des données dans les classeurs, prélèvements sur une population au capital veineux épuisé, administration des traitements, ECG et poids, pratiquement pour tous les patients, gestion des urgences s'il y en a, réfection de certains pansements.

Je me retrouvais à courir pendant deux heures, puisque les transmissions devaient être faites aux médecins et internes à neuf heures pile.

Eux, c'étaient les Dieux. Et encore, on pouvait espérer la miséricorde avec un vrai Dieu, mais là...

J'avais eu la correction de me présenter la première fois que j'avais fait les transmissions. L'équipe médicale en place m'avait alors fait comprendre que mon identité ne les intéressait pas. J'avais ravalé mon envie de répondre et effectué le compte-rendu des deux heures. On m'avait précisé qu'il devait être concis. En gros, pas le temps de se considérer entre humains.

L'équipe infirmière était plutôt sympathique et se serrait les coudes. J'avais eu une matinée compliquée, le jeudi. Et tous étaient venus m'aider.

Une patiente confuse avait arraché son midline: il avait fallu faire un pansement compressif pour stopper l'hémorragie car j'avais trouvé Mme M, prise d'un délire de persécution, dans un bain de sang. Ensuite, avec l'aide d'une étudiante, j'avais dû lui faire sa toilette en entier, la réinstaller au lit, tant bien que mal car elle était pleine d'œdèmes et avait du mal à se mouvoir. Il avait fallu la rassurer et lui donner des traitements qu'elle ne voulait, d'ailleurs, pas prendre.

Je tiens, du reste, à remercier ces étudiants qui ne sont pas considérés à leur juste valeur car ils sont vraiment d'une aide précieuse dans ces situations.

Les deux heures s'étaient écoulées à vue d'œil.

Au moment des transmissions, l'interne me demandait s'il n'y avait pas de bilan pour Mme D.

Je lui montrais le classeur. Le bilan était prévu pour le vingt-huit. Nous étions le vingt-six.

Avec insolence et un sourire presque sadique, il avait modifié la date, en repassant sur le chiffre au stylo bille.

— C'est pour aujourd'hui, maintenant ! T'as fait un EGC à Mme D ?

— Non, j'ai pas eu le temps.

— Ben, c'est prescrit...

Je pouvais le faire après neuf heures.

Où aurais-je pu trouver le temps, de sept à neuf, de faire un ECG à cette patiente qui est dans le refus de soin, alors que j'avais passé un temps fou à gérer le cas de Mme M ?

Certains internes étaient très sympas.

D'autres ne connaissaient pas les mots "courtoisie et politesse" et faisaient preuve d'une certaine arrogance, oubliant par là-même que sans les petites mains (Aide-soignants, infirmiers, Agents de service hospitalier...), ils n'étaient rien et que le service ne tournerait pas.

Le soir, passée la sensation d'être dénigrée juste parce que j'étais nouvelle et après avoir couché mon mal-être sur papier, je reprenais du poil de la bête.

Après tout, c'était qui ce petit peigne cul d'interne?!!!

J'avais élevée ma fille seule, eu mon diplôme d'infirmière à la sueur de mon front, après avoir passé dix-huit ans dans un organisme de recouvrement. J'avais franchi des montagnes pour en arriver là.

Il n'allait pas me pourrir la vie, ce petit prétentieux.

Bon point pour moi: il ne ferait plus partie de l'équipe à partir du premier Novembre. Alors…

Fin Octobre, le service accueillait le neuf-centième patient de l'année… Chiffre, chiffre, rentabilité...

J'en venais à me demander si j'avais encore envie de faire ce métier. Je ne pensais qu'à une chose : trouver un service moins pénible.

Après une première expérience décevante, j'étais encore en train de me prendre une nouvelle claque.

Depuis que j'étais arrivée, je ne faisais que des matins. C'était plus formateur selon mon cadre… mais exténuant.

J'avais remarqué que l'équipe était jeune. J'avais compris, par la suite, pourquoi.

Après trente cinq ans, c'était difficile de suivre le rythme imposé par l'équipe médicale et le turn-over des patients. Les aide-soignantes qui avaient déjà quelques années d'ancienneté marchaient en boîtant, se plaignaient de douleurs dorsales et portaient des ceintures lombaires. C'était significatif.

Je ne pensais qu'à une chose : partir de ce service.

J'étais déjà fatiguée des soins. Épuisée.

J'avais un an d'ancienneté dans le métier et j'avais déjà eu un arrêt de deux mois pour burn-out. Malheureusement, j'appréhendais pour la suite…

En attendant, la vie sans Albator continuait.

Sa photo trônerait bientôt sur le mur du salon.

XXV

Vendredi 14 Février 2020

Lorsque je rentrais le soir, je passais systématiquement devant l'endroit où j'avais trouvé Albator, étendu, presque sans vie, quelques mois auparavant.

Quelque soit mon état de fatigue ou plutôt d'épuisement, mon cœur continuait de se serrer en repensant à cette tragédie.

Je n'avais pas adopté de nouveau lapin et avais décidé de me fier à la providence, de ne pas provoquer les évènements. J'attendais qu'un autre lapin se mette sur mon chemin.

Le souvenir d'Albator n'était plus aussi présent mais nous cultivions sa mémoire.

L'arbre de Chine sur le balcon avait survécu aux gelées.

La Petite allait régulièrement prendre le frais dans le clapier.

Et la Grande ne se lassait pas de s'allonger sur l'aire de repos du lapin au pied de l'arbre à chat.

Étrangement, sa photo ne trônait pas dans le salon. Mais c'était une bonne chose.

Comme un devoir de mémoire, nous mobilisions tous nos sens pour ne pas oublier Albator, mais c'était assez aisé à faire.

C'était avec nostalgie que je redécouvrais des traces jaunâtres dans un recoin du salon, des petites crottes coincées sous le meuble de la télévision, ou regardais l'arbrisseau dédié à sa mémoire, derrière ma fenêtre, traverser les intempéries.

En tout cas, coucher ses états d'âme sur papier, avait été une vraie thérapie. Ça m'avait évité de sombrer dans la dépression, permis de cracher ma colère et ma tristesse. Pas de douleur qui soit plus à considérer qu'une autre. Chaque douleur est propre à chaque être et nul ne peut la juger, ni la décréter crédible ou pas.

Écrire permet de mobiliser ses ressources personnelles nécessaires à se sortir d'une situation critique.

Je ne devais mon salut qu'à mes nombreux monologues déversés sur page blanche.

Je n'ai pas continué en Gériatrie Aiguë : trop de maltraitance entre soignants due à la pression exercée par le personnel médical. Il faut savoir dire : "STOP !" et j'ai dit :"STOP !".

Je suis maintenant en pneumologie. Le soin relationnel, mon fort, y est très important. En deux mois, à peine, j'ai réussi à me faire ma petite place au sein de ce service grâce à la bienveillance de toute l'équipe, sans exception.

Mais, la route vers la pneumologie a été jonchée d'embûches. J'ai failli rendre les armes et abandonner le monde des soins.

J'ai tout écrit, dans un autre livre.

Vraiment, ce qui ne vous tue pas, vous rend plus fort, mais n'attendez pas que ça vous tue !

XXVI

Vendredi 31 Janvier 2020

Depuis plusieurs jours, j'entendais parler d'un certain Coronavirus à plusieurs déclinaisons, entre autres le Covid 19. Il promettait, apparemment des semaines à venir, très intenses. À suivre…

Albator, prenant la pose…

(Photo: Marie SOUTON/Mars 2018)

Epilogue

Dimanche 26 Avril 2020

Comme hier, après la douche, je m'étais glissée dans mon lit. Je visionnais mes messages.

Une de mes anciennes collègues, avec qui j'étais restée en contact, me proposait un lapin à l'adoption. Après la mort d'Albator, mon premier lapin, à qui j'avais dédié un livre, je m'étais jurée de ne pas reprendre de petit compagnon à grandes oreilles, sauf, s'il venait à moi. C'était chose faite. Sur la vidéo, que Thérèsa m'avait envoyée, Loïs et moi découvrions une adorable boule de poils, écaille de tortue, qui gambadait gaiement. Semi-angora, il avait une crinière de lion entre les deux oreilles.

J'avais demandé à ma fille la permission d'accueillir un nouveau congénère, à la maison. Je m'étais attendue à un refus, mais elle acceptait avec grand enthousiasme. Elle m'avouait alors, que le récit des aventures d'Albator lui avait donné envie d'avoir un lapin.

Aussitôt, je proposais le sobriquet de COVID pour nom d'adoption. Ma fille m'avait jetée un regard noir.

Achille ?... Loïs décidait qu'il fallait attendre de le connaître pour le baptiser.

J'envoyais un message à Thérèsa. À la levée du confinement, il ferait partie de notre famille.

Peanuts ?... Je répondais à ma fille, qu'il devait avoir un nom de héros, à l'instar de tous nos compagnons...à part, Caca !

Bercée par la farandole de prénoms que nous pourrions lui donner, je m'étais ensuite endormie jusqu'à la rupture du jeûne.

Samedi 2 mai

J'avais récupéré Ulysse dans une grande cage, à sept heures trente. Un peu apeuré, il était allé se réfugier dans son petit igloo. Ce n'est qu'arrivé à la maison, qu'il était sorti de sa cachette. J'avais installé la cage sur le toit du clapier d'Albator, histoire de laisser Ulysse s'imprégner des bruits de sa nouvelle vie.

À le regarder courir d'un bout à l'autre de sa cage et à se redresser sans cesse sur ses pattes arrières, tel un suricate, il n'avait pas l'air intimidé mais intrigué.

Le temps du confinement, nous avions eu des journées ensoleillées, comme si la Mère Nature nous communiquait sa joie de revivre. Elle devait en profiter. La fin du confinement verrait la couardise de l'homme réapparaître. Je retiens d'ailleurs, cette citation de **Jacques AUDIBERTI** *qui illustre bien notre époque :*

"La plus grande couardise consiste à éprouver sa puissance sur la faiblesse d'autrui." (Le Mal court, Gallimard)

Je décidais d'aller chercher quelques victuailles pour notre nouvel ami et nous-mêmes. Je confiais, donc, toute la tribu à Loïs.

Comme rarement je l'avais fait, j'utilisais mon droit de soignants. Les effets de la période Covid-19 étaient encore bien présents dans mon corps, et même si je donnais bien le change, je ne voulais et ne pouvais pas piétiner pendant des heures. Or, nous étions Samedi, jour de courses pour nombre de citoyens. Les allées étant moins fréquentées suite aux dispositions prises, il y aurait, forcément, une longue file d'attente à l'extérieur.

Montrant mon attestation d'employeur et une fiche de paie, j'accédais rapidement aux rayons.

En rentrant à la maison, je m'étais affalée sur le canapé, épuisée. Loïs qui rangeait les courses, m'avait expliqué que la connexion internet était interrompue, nous privant par conséquent de programmes télévisés et d'applications comme Netflix.

Pour calmer notre addiction, toute l'après-midi, nous avions visionné le disque dur rempli de grands classiques de Disney. Et c'était plutôt agréable.

Par mesure de précaution, j'avais vérifié tous les branchements derrière le meuble TV…

Et oh ! Surprise ! Le fil de la box était sectionné… Lois m'avait confirmée qu'Ulysse était bien passé par là…

Heureusement, j'avais une grosse boîte en plastique pleines de prises péritel, prises téléphoniques et autres.

Le câble ADSL réinstallé, nous avions retrouvé tous nos programmes.

Désormais, il était impossible à qui que ce soit d'emprunter le petit couloir derrière le meuble de télévision : une planchette de bois en bloquait l'accès.

De plus, si Albator inspirait confiance et qu'il m'arrivait régulièrement de lui laisser le salon la nuit, il en était clairement autrement d'Ulysse !

Je décidais de lui allouer quatre heures de liberté par jour, le minimum syndical pour un lapin qui veut se dégourdir les jambes.

Extrait de "Trois ans et plus si affinités..." de Marie SOUTON.

Mercredi 25 Novembre 20, 19h30

Le sort semblait s'acharner sur notre tribu.

Alors que je préparais le repas du soir, je m'étais rendue compte qu'Ulysse n'était plus à sa place habituelle sur le balcon. Il aimait prendre l'air, près de la vitre, en me regardant m'activer à l'intérieur. Mais là, pas d'Ulysse.

Loïs avait pris la lampe-torche pour vérifier chaque

recoin du balcon. J'étais en panique. La nuit était noire et aucune forme n'était visible en contrebas. Comme pour Albator, j'avais dévalé les escaliers.

Avec appréhension, j'avais attendu quelques secondes, que la lumière du parking éclaire l'endroit où Albator était tombé. Mais là, toujours pas d'Ulysse.

Malgré la lumière, certains recoins restaient sombres. Loïs et moi avions commencé à regarder sous les voitures, mais c'était difficile d'y voir clairement. Sur le balcon, la Grande criait son angoisse en nous voyant chercher derrière chaque buisson.

Ne trouvant aucune trace d'Ulysse, j'avais soudain regardé Loïs.

— T'es sûre d'avoir fermé les chambres ? Il est peut-être dans une des chambres ?...

Avec tout l'espoir du monde, j'avais remonté les escaliers.

Mais, j'étais sûre de moi : je n'avais pas fait rentrer Ulysse lorsque la Grande avait demandé à revenir dans le salon.

Néanmoins, j'avais récemment remarqué qu'Ulysse, qui allait bientôt avoir un an, avait la force nécessaire pour pousser la porte du balcon.

J'étais désemparée.

Avec la pire des craintes, j'avais tourné la clé dans la serrure…

Ulysse, Alias Lapinou ou Patapouf à la maison
(Photo : Marie SOUTON/Août 2020)

Concepts et conseils

(Cette rubrique écrite avant l'épisode du 25/11/2020)

Pour bien prendre soin des autres

et

de soi-même

Voici trois concepts qui apportent du bien-être aussi bien à nous même qu'aux autres.

La bienveillance, c'est à dire, faire preuve de bonté, d'empathie envers une personne connue ou inconnue en prenant en considération sa dimension physique, psychologique et sociale dans un contexte de besoin. Être bienveillant signifie ne pas être en situation de pouvoir mais chercher à maintenir une situation symétrique avec l'autre, c'est à dire garder l'autre au même niveau et ne pas mettre en place, une relation dominant/dominé.

L'empathie, c'est se mettre à la place de l'autre et comprendre ce qu'il peut ressentir dans une situation donnée. Cela implique, également, de considérer l'autre dans toute sa dimension sociale, psychologique et physique.

La congruence, c'est être en accord avec soi-même et ses principes moraux, dans ses actions. Agir avec congruence, c'est choisir une ligne de conduite que l'on sera à même de défendre puisqu'on agit en fonction de ses certitudes et convictions.

De mon expérience personnelle, ce sont trois concepts qui vous apportent sérénité et plénitude car vous avez votre conscience pour vous.

C'est aussi l'assurance de faire un heureux, de sauver quelqu'un, de prendre soin de l'autre.

Dans cette histoire, j'ai agi en fonction de ces concepts. Néanmoins, il faut mesurer le danger auquel l'on s'expose lorsqu'on décide d'agir ainsi.

Anastasie m'avait accusée de vol, mais n'avait aucune preuve : pas de carnet de santé, car non suivi. Et, j'avais le soutien de mon vétérinaire.

De même, Gothel m'avait accusée de mensonges, mais ma collègue auxiliaire s'était engagée à témoigner (Cf Prologue). Et je ne doutais aucunement de l'implication de ma référente pédagogique, dans cette histoire.

Toujours se dire que l'on agit, mais pas de manière irréfléchie. Il ne faut pas entreprendre ce genre d'action, en étant seul : toujours agir sous couvert d'une personne sur laquelle vous pouvez vous appuyer et qui représente une figure de référence dans le domaine.

Pour le bien-être de votre lapin

Même si j'ai été tentée de limiter les sorties d'Ulysse, je n'ai pu m'y résoudre.

C'est un lapin qui profite de bien plus de quatre heures de liberté.

Il a effectivement eu la chance d'avoir une maîtresse clouée à la maison, pendant plusieurs mois, pour tendinite calcifiante de l'épaule avec bursite. Ulysse gambade donc régulièrement, plus de six heures par jour. Une fois dans sa cage, il est épuisé et dort du sommeil du juste.

Mais, pour le bien-être de votre lapin, il lui faut, minimum, quatre heures hors de la cage. Sous surveillance, bien sûr.

Pour votre confort, il faut lui apprendre à être propre et lui mettre une petite caisse de litière à disposition.

Inutile de lui crier dessus s'il y a des accidents "pipi", il ne comprendrait pas.

C'est pour cette raison qu'il faut, de temps en temps, le mettre dans la litière pour qu'il comprenne que c'est son lieu d'aisance.

Concernant la nourriture, il est conseillé de donner du foin, des fanes de carottes, du persil ou encore de la coriandre, nécessaires à l'usure des dents et évitant la formation d'abcès dentaires. Faites en fonction de ses goûts.

Je serai tentée de vous dire pas de pain, mais Albator aimait les rebords de pizza. Néanmoins, ce n'est pas conseillé. Le corps d'Albator n'a pas eu d'autres choix que de s'adapter.

Pour exemple, Ulysse est un vrai lapin : il mange, exclusivement, de la nourriture pour lapin. C'est à dire du foin et des granulés qui semblent faire son régal et refuse les pommes, les carottes.

Malgré tout, vous pouvez en proposer à votre lapin,

toujours en fonction de ses goûts.

Faites en sorte de lui donner des aliments qu'il pourrait trouver dans la nature.

Liste des aliments à proscrire

(dans l'alimentation d'un lapin)

Légumes à ne JAMAIS donner : (source partielle - Marguerite et Compagnie)

– Soja (risque important de stase intestinale - arrêt du transit)

– Manioc (risque de stase intestinale et empêche l'assimilation des nutriments)

– Avocat (toxique pour 99% des animaux !!!)

– Haricot de Lima (empêche l'assimilation des nutriments)

– Millet (empêche l'assimilation des nutriments)

– Pousses de bambou (empêche l'assimilation des nutriments)

– Zest de citron

– Chou blanc (risque de fermentation)

– Chou chinois pe-tsaï du commerce (aucun intérêt nutritif, risque de problème digestif)

– Noisettes et noix (problèmes digestifs)

– Oignons et échalotes (toxique)

– Pomme de terre (peut causer de gros troubles

digestifs qui peuvent parfois être mortels - crue elle est toxique pour une majorité d'animaux)
– ail et famille de l'ail (toxique)
– Rhubarbe (toxique)
– Patate douce (empêche l'assimilation des nutriments)
– Pois et fèves etc (problèmes digestifs)
– Oseille (problèmes digestifs)
– Sauge (certaines variétés sont toxiques. Elle enraye la montée de lait, il ne faut donc absolument pas en donner aux lapines gestantes et allaitantes)
– Concombre amer
– Poireau (le vert du poireau n'est pas toxique en petite quantité mais ce n'est pas un aliment de choix pour le lapin qui d'ailleurs n'aime généralement pas ça)

Autres aliments à ne jamais donner :
– Bonbons
– Biscuits et gâteaux
– Chocolat et dérivés
– Biscottes

- Brioche
- Viennoiseries
- Sucre
- Café ou thé
- Lait
- Boisson autre que de l'eau ou du jus 100% fruits
- Blocs à ronger
- Friandises d'animalerie (sauf plantes séchées par exemple)

(https://solersrabbits.wixsite.com/lapins-de-compagnie/les-interdits)

N'oubliez pas, le lapin est un animal très sociable.

Parfois, il viendra tirer sur votre bas de pantalon pour attirer votre attention.

Albator le faisait et Ulysse le fait encore : il réclame, à ce moment-là, une caresse. Inutile de le porter : il s'appuiera sur votre chausson pour apprécier ce moment de tendresse et repartira à la conquête du monde, une fois satisfait.

Ce livre n'a pas pour prétention de changer le monde mais en l'écrivant, j'ai voulu mettre l'accent sur les liens implicites qu'il y a entre la maltraitance et la vulnérabilité.

Nous avons tous un rôle à jouer dans la bientraitance et le respect des animaux.

Et la plus petite de nos actions peut avoir un impact bien plus grand que ce que nous pensons.

Vous pouvez continuer à suivre mes pensées et expériences sur mon compte Instagram,

et mon site Web, https://marie-souton-auteur.com ,

A bientôt !